Al Lector

Martin es un chico de unos quince años. Hace poco, un amigo español de su padre le invitó a pasar quince días con él y su familia. Aquí tienes algunas selecciones del diario que escribió Martin mientras estuvo en España. Además hay una serie de conversaciones con la gente que encontró durante su visita.

Encontrarás muchos fotos y bosquejos que te ayudarán a entender el texto pero si, por casualidad, no puedes resolver tus dificultades, tendrás que consultar el vocabulario al final del libro.

Este diario lo escribió Martin para divertirse – ¡que te diviertas tú también cuando lo leas!

Dedicatoria

Este libro va dedicado a la amable Señorita Arantxa
Landaribar a quien quisiera expresar mi reconocimiento
por sus sugerencias tan útiles cuando leyó el manuscrito.

Mis sinceras gracias también por su ayuda a mis amigos
hernaniarras especialmente José María Cigarán, Julián
Arcelay y José Manuel Redondo.

Fotos

p.3. Wendy Beeny; p.6. B. Mitchell; p.8. B. Mitchell (2) Seat Cars (1);
p.10. B. Mitchell; p.12. B. Mitchell (top right, bottom left) London
Express News (middle); p.14. B. Mitchell (3); p.16. (top right) J. Allan
Cash; (bottom left) London Express News; p.18. (top) B. Mitchell
(Middle) Barnaby's Picture Library; p.20. (top) B. Mitchell (middle)
Business Press Bureau; p.22. London Express News; p.24. (left) Camera
Press Ltd. (right) London Express News and Feature Service; p.26. (top
and bottom) B. Mitchell (middle) London Express News and Feature
Service; p.30. (left) Barnaby's Picture Library (top) Spanish Government
Tourist Office (Middle) B. Mitchell; p.32. Barnaby's Picture Library;
p.34. (top and middle) Daily Mirror (bottom) B. Mitchell; p.36. (left)
Barnaby's Picture Library; p.38. (top) B. Mitchell (bottom) Business Press
Bureau; p.40. (top) Camera Press Ltd. (bottom) Mansell Collection; p.46.
B. Mitchell; p.48. London Express News and Feature Service (left); B.
Mitchell (bottom); p.50. London Express News and Feature Service (top
right), Camera Press (2); J. Allan Cash; p.52. B. Mitchell (3); p. 54.
Camera Press (bottom) B. Mitchell (2); p.56. Barnaby's Picture Library
(bottom), B. Mitchell (top and left); p.58. B. Mitchell (3); p.60. B. Mitchell;
p.62. B. Mitchell (2); p.64. B. Mitchell; p.66. London Express News and
Feature Service; p.68. B. Mitchell (3); p.70. B. Mitchell

MAQUETA Y PORTADA Gillian Riley

DIBUJOS José Sancha

Sumario

24 de julio

24

Sellos en mi pasaporte

En camino, por fin. ¡Qué prisa! Gran
embotellamiento de tráfico y por poco pierdo el
tren. Apenas tiempo para despedirme de mis padres
luego adelante a Irún. Nueve horas de viaje -
¡qué aburrido! Menos mal que conseguí dormitar a
ratitos pero no me gustan estos asientos de cuero
verde. El tren estaba hasta los topes, y con el
calor que hacía llegué a Madrid rendido.

Estación de Irún

Aquí esperé el tren de Madrid. Había una larga
cola de gente que pasaba por la aduana. En el
andén escuché a los pasajeros que hablaban
español, francés, alemán e inglés.

Hablé con los otros via-
jeros durante el viaje -
¡me entendieron! Eran
muy amables. Un hombre
me ofreció su bota pero
no acepté. No estoy acos-
tumbrado a beber vino.

Charla entre viajeros

MUJER	Oye, Manolo, ¿qué hora es? Que ya empiezo a tener hambre.
HOMBRE	Las dos y pico. ¿Quieres que baje la cesta? . . . ¡Ay! ¡Perdón!
MARTIN	No hay de qué. Permita que le ayude.
HOMBRE	Gracias. Es Vd. muy amable. Vd. no es español, ¿verdad?
MARTIN	No, señor.
HOMBRE	Pero ¡qué bien habla castellano!
MARTIN	Muchas gracias, pero todavía no.
HOMBRE	Que sí, en serio. Desde luego Vd. tiene un dejo de acento extranjero, pero en fin . . .
MUJER	A ver lo que traemos . . . Bocadillos de jamón, de tortilla . . Manolo, ¿cuál prefieres?
HOMBRE	Ya sabes, mujer, de tortilla. ¿Vd. gusta?
MARTIN	Gracias, que aprovechen Vds. Tengo unos bocadillos en mi mochila y como me entran ganas, voy a comer también.
HOMBRE	¿Quiere?
MARTIN	Gracias, no. No estoy acostumbrado a beber vino. Voy a tomar una naranjada.
HOMBRE	¿Qué busca Vd.?
MARTIN	No tengo con qué abrir la botella.
MUJER	Un momentito. Me parece que tengo un abrebotellas por alguna parte. Ah, aquí está. Tome Vd.
MARTIN	Gracias. ¡Huy, qué sed tengo!
HOMBRE	Ya lo creo. Vamos tan atestados y hace tanto calor. ¿Vd. va a Madrid?
MARTIN	Sí. Voy a casa de un amigo de mi padre.
HOMBRE	Bueno. Que se divierta Vd. mucho.

Esta reserva será valedera hasta el destino del billete o el empalme respectivo caso de cambio de tren.

Julián

Volvimos a casa en el coche nuevo del sr. Oñate. Había mucho tráfico y todo el mundo conduce a mucha velocidad. Me parece muy peligroso.

Llegada a Madrid — ¡qué tropel de gente! Reconocí al sr. Oñate y a Julián por la foto que tenía. El sr. Oñate me presentó a su hijo. Me parece un chico muy simpático. Tiene la misma edad que yo - quince años.

Estación del Norte

Todos los trenes van atestados. Es la época del veraneo y parece que todos los madrileños salen de la capital. Muchos de ellos veranean en la costa cantábrica en el norte. No hace tanto calor allí.

Llegada a Madrid

MARTIN	Perdone. ¿Es Vd. el sr. Oñate?
SR. OÑATE	Sí, soy yo. Y tú eres sin duda Martin.
MARTIN	Tanto gusto.
SR. OÑATE	Permite que te presente a mi hijo, Julián.
MARTIN	Tanto gusto en conocerle, Julián.
JULIÁN	¡Qué formalidad! Nosotros los chicos solemos tutearnos desde el principio, sabes, Martin. Sólo usamos 'Vd.' con los mayores.
MARTIN	Gracias, me acordaré de eso.
SR. OÑATE	¿Dónde están tus maletas, Martin?
MARTIN	Traigo una sola además de mi mochila.
SR. OÑATE	Bueno. Sácalas por la ventanilla. Será más fácil que llevarlas por el pasillo que debe de estar atestado.
JULIÁN	¿Quieres que llame a un mozo, papá?
SR. OÑATE	Que no, hijo. Seguro que tú puedes llevar una sola maleta.
JULIÁN	Ya ves, Martin. Soy yo siempre el mulo de carga.
MARTIN	No lo creo. ¡De todos modos te daré una propina! Ahora voy a bajar.
SR. OÑATE	Te esperaremos aquí, junto a la portezuela.
MARTIN	¡Qué lucha! Íbamos como sardinas en lata.
SR. OÑATE	Pero aquí estás, sano y salvo. Vamos a buscar mi coche y luego volveremos a casa. Mi señora estará deseando verte.
MARTIN	No sabía que tu papá tenía coche. Pensaba que iríamos en el metro.
JULIÁN	Hace poco que lo tiene. Mira, es aquél nuevo, azul, marca SEAT.
SR. OÑATE	Julián, pon la maleta en el baúl.
JULIÁN	En el metro no habrías visto nada, Martin. Desde el coche verás por lo menos el tráfico y los rascacielos.

25

La casa es muy moderna y está en el piso 5º de este bloque. Afortunadamente hay ascensor - no me apetece la idea de subir tantas escaleras. Me dicen que a veces el ascensor no funciona - ¡ojalá no haya avería mientras esté aquí!

En mi dormitorio hay una ventana grande que da a un pequeño balcón. Delante de la ventana hay una persiana de madera que se sube y baja tirando de una especie de correa. Sirve para quitar el sol que aquí pica mucho.

Desayuno y planes de paseo

SRA. DE OÑATE	Buenos días, Martin. ¿Dormiste bien?
MARTIN	Muy buenos días, doña Carmen. Dormí muy bien, gracias. La cama es muy cómoda.
JULIÁN	Hola, Martin. ¿Qué tal hoy? Parece que has descansado. Tienes los ojos abiertos esta mañana, pero anoche . . .
MARTIN	Sí. Después de la cena apenas podía mantenerme despierto.
SRA. DE OÑATE	Sentaos ahora. Martin, sírvete. Hay pan, mantequilla, mermelada.
MARTIN	Gracias.
SRA. DE OÑATE	¿Quieres té o café? Nosotros solemos tomar café, sabes . . .
MARTIN	Café, por favor. En casa siempre tomo café con leche de desayuno.
SRA. DE OÑATE	Bien. ¿Azúcar?
MARTIN	Dos terrones, por favor.
SRA. DE OÑATE	¿Qué vais a hacer hoy?
JULIÁN	Vamos a dar un paseo por el centro. Tomaremos el autobús hasta Cibeles, luego iremos a pie por la Gran Vía. Después llevaré a Martin a ver la Plaza Mayor y la Puerta del Sol . . .
SRA. DE OÑATE	Oye, no vayas a cansarle al pobre Martin, ¿eh? después de ese viaje larguísimo.
MARTIN	No se preocupe por mí, doña Carmen. Estoy completamente recuperado y me gustaría estirar las piernas un poquito.
JULIÁN	Bien dicho. Vamos.

25 de julio

Plaza de la Cibeles

Empezamos nuestro paseo aquí. Fuente imponente de la Diosa de la Tierra. Por desgracia se le había cortado el agua. El tráfico por aquí es muy denso sobre todo a eso de las siete de la tarde.

La Gran Vía

La calle más lujosa de Madrid. Todos los comercios importantes se hallan aquí. ¡Ojo a los guardias! No se puede cruzar la calle sin su permiso aun en un paso de peatones.

Los guardias municipales llevan cascos y chaquetas blancos. Tienen un pito estridente que tocan para indicar al público que tienen paso libre para cruzar la calzada. El toldo les protege del sol.

Viaje al centro

JULIÁN	Apresúrate, Martin, que ya viene el autobús.
MARTIN	¿Dónde está la parada?
JULIÁN	Allá enfrente. Anda, sube. No, no. No puedes subir por la portezuela delantera, ésa es la salida. Aquí por atrás.
MARTIN	Pago yo el importe. Dos a Cibeles, por favor.
COBRADOR	Seis pesetas . . . Cuatro de vuelta, diez.
JULIÁN	No hay asientos libres. Menos mal que no es un viaje largo. Hemos llegado . . . Baja—por delante.
MARTIN	Esa estatua es la Cibeles, ¿no?
JULIÁN	Sí. En realidad es una fuente pero ahora no funcionan los grandes surtidores por falta de agua.
MARTIN	Supongo que esa calle ancha es la Gran Vía.
JULIÁN	Sí. Se llama la Avenida de José Antonio pero todos la conocemos por el nombre de 'Gran Vía'. Espera, tenemos que cruzar.
MARTIN	Bien, vamos. No hay coches.
JULIÁN	¡Oye, no puedes cruzar aquí!
MARTIN	¿Por qué no? No hay nada sino esa moto . . .
JULIÁN	Eso no importa. Sólo se puede cruzar las calles céntricas por los pasos de peatones. Si no, el guardia te cascará una multa.
MARTIN	¿De veras? Entonces tenemos que esperar hasta que las luces se pongan verdes.
JULIÁN	Eso. Y luego el guardia toca el pito que es la señal de cruzar.

25 de julio

H. A. SA.
43841
Serie 8

4'50 Pts.
Consérvese el billete
hasta el final.

EMPRESA JUCOCA, S.L.
PLAZA RAMALES - POBLADO
CAÑO ROTO o viceversa (2)
2,40 ptas.   275117
Consérvese para su control en ruta

Autobús madrileño
pintado de azul y
blanco. Admiten
muchísimos pasaje-
ros de pie—una vez
los conté ¡y había
sesenta y siete! No
se puede fumar en
ellos, supongo por
miedo a incendiar a
los vecinos. El
cobrador está sen-
tado cerca de la
puerta de entrada
detrás de una
especie de bandeja
en la que guarda
las monedas del
cambio. También hay
"microbuses" que no
admiten pasajeros

de pie. Cuando
todos los asien-
tos están ocupa-
dos se pone en
el parabrisas un
aviso - COMPLETO.

Todo el mundo
tiene que
cruzar rápida-
mente antes de
que cambien
las luces que
regulan el
paso.

La Plaza Mayor...

JULIÁN	Estamos ahora en la parte vieja. Delante tienes la Plaza Mayor.
MARTIN	¿Si descansáramos un ratito? Me duelen un poco los pies después de tanto andar con este calor. Además, tengo sed. Me gustaría sentarme en una de esas mesitas y tomar un refresco.
JULIÁN	Bien. Te invito a tomar una horchata.
MARTIN	¿Y qué es eso?
JULIÁN	Es una bebida hecha de chufas que refresca mucho. Te aseguro que te gustará.
MARTIN	Si lo dices tú . . .
CAMARERO	Buenos días, señores. ¿Qué van a tomar?
JULIÁN	Dos horchatas, por favor.
CAMARERO	En seguida.
MARTIN	Esto es el antiguo centro de Madrid, ¿verdad?
JULIÁN	Lo fué durante varios siglos después del establecimiento de la Corte aquí en tiempos de Felipe II. Según dicen, se celebraban corridas en esta plaza además de otros festejos.
CAMARERO	Dos horchatas, señores.
MARTIN	Gracias. ¿Cuánto le debo?
JULIÁN	No, esto me toca a mí. Tenga.
CAMARERO	Gracias, señor.
MARTIN	¿No le diste demasiado?
JULIÁN	No. Incluí la propina. Aquí el servicio no está incluído . . . ¿Qué te parece la horchata?

25

25 de julio

La Plaza Mayor es el antiguo
centro de la capital. Antes,
se celebraban corridas de
toros aquí. Ahora es un lugar
tranquilo y en verano la sombra debajo de sus soportales
es muy grata. No me extraña
la costumbre española de
echarse la siesta - por la
tarde hace demasiado calor
para trabajar. Además de los
cafés hay muchas tiendas debajo de los soportales, así
es que se puede hacer
las compras sin pre-
ocuparse del tiempo
que hace.

Nos sentamos
en esta
terraza de la
Plaza Mayor.
Muchos de los
cafés de Mad-
rid ponen
mesitas y
sillas en la
acera, sobre
todo los de
la Gran Vía.

Esto es el reloj de la Gobernación. Me gustaría
estar aquí en Nochevieja cuando millares de
madrileños se congregan en la plaza para escuchar
las doce campanadas y tragar sus doce uvas. ¡Qué
juerga! Me pregunto dónde tiene su origen esta
costumbre extraña. Tengo que preguntárselo a
Julián si me acuerdo.

16

...y la Puerta del Sol

MARTIN   Nunca he bebido nada igual . . . Sabe a no sé qué . . . Pero sí me gusta.

JULIÁN   Me alegro. ¿Tienes bastantes fuerzas para continuar el paseo?

MARTIN   Creo que sí. ¿Por dónde ahora?

JULIÁN   Por ahí, a la derecha. Dentro de poco verás la Puerta del Sol.

MARTIN   En tiempos antiguos fue una verdadera puerta, ¿no?

JULIÁN   Sí. Se hallaba en las murallas del este donde se levanta el sol. Ahora es el centro de las fiestas de la capital, sobre todo las del Año Nuevo. ¿Ves aquel reloj en la torre del Ministerio de la Gobernación?

MARTIN   Sí.

JULIÁN   Pues en Nochevieja una gran multitud de gente se apiña en la plaza para escuchar las doce campanadas.

MARTIN   Nosotros también hacemos lo mismo.

JULIÁN   Pero vosotros no traéis cada uno una docena de uvas.

MARTIN   ¿De uvas? ¿Para qué?

JULIÁN   Las comemos, una a cada campanada, si no nos ahogamos de risa antes. Haciendo esto, tendrá uno buena suerte en el Año Nuevo.

MARTIN   ¡Qué raro!

26

26 de julio

MADRID

Atravesamos el río Manzanares que corre por las afueras occidentales de Madrid. Antes no era más que un arroyo sucio pero lo canalizaron y ahora hay unos paseos muy bonitos en las riberas. También se puede alquilar un bote de remos si uno quiere.

La merienda

¡Qué paisaje más seco! Apenas se ve nada verde en el verano. La capital vista desde lejos parece un oasis en medio de un desierto. El clima de la Meseta es extremado con inviernos muy fríos y veranos muy calurosos. Cuando llueve cae el agua en forma de "aguacero" que es una tormenta de corta duración.

18

Merienda en el campo

SR. OÑATE	Esta tarde no voy a la oficina. ¿Qué os parece si aprovecháramos el buen tiempo?
JULIÁN	¿Cómo, papá?
SR. OÑATE	Pensaba llevaros en coche a un pueblecito de la sierra no muy lejos de aquí. Es un sitio muy bonito. Cerca de allí hay un bosquecillo y un arroyo fresco donde podemos merendar.
JULIÁN	¡Qué bien!
MARTIN	Me gustaría muchísimo.
SR. OÑATE	Bien. Id a arreglaros un poquito. Me voy a sacar el coche.
JULIÁN	¿No va mamá?
SR. OÑATE	Pues claro que va. Ya está preparando los bocadillos en la cocina.
MARTIN	¡Qué paisaje más seco!
JULIÁN	Sí. Durante el verano apenas llueve por aquí. Es una época de gran sequía.
SR. OÑATE	Dentro de poco entraremos en la sierra. Allí, Martin, verás un poco de ese verdor que tanto echas de menos.
MARTIN	Es verdad que este paisaje amarillento me extraña—me parece tan duro y severo.
JULIÁN	Apuesto a que no echas de menos la lluvia inglesa, ¿Verdad?
MARTIN	¡Claro que no!
SR. OÑATE	Hemos llegado. ¿Qué te parece, Martin?
MARTIN	Es precioso. Las casitas con sus balcones llenos de flores me encantan.
SRA. DE OÑATE	¿Dejamos el coche aquí, Emiliano?
SR. OÑATE	Sí. Lo aparcaré en esa plazoleta. Vamos a estirar las piernas un poco para que nos entre el apetito.
JULIÁN	¿Y quién va a llevar la cesta?
MARTIN	Tú y yo, desde luego.

27

27 de julio

El Palacio Real fue
empezado por orden
del rey Felipe V y
la construcción se
llevó a cabo bajo
Fernando VI en el
siglo 18. Hoy en día
el Jefe de Estado,
el Generalísimo
Franco, vive en el
Palacio de El Pardo
que es su residencia
oficial.

Palacio Real - 2

Dos siglos de historia se reflejan en este palacio, que es uno de los mejores de Europa. Porcelanas, tapices, muebles, armaduras y cuadros.

Plaza de Oriente (entrada por la plaza de la Armería). Teléfono 2487404.

Horario: de 15 de junio a 10 de octubre, de 10 a 12,45 y de 16 a 18,15 horas; de octubre a 14 de junio, de 10 a 12,45 y de 15,30 a 17,45 horas. Domingos y festivos, de 10 a 13,30.

Precio: 20 ptas., las salas de recepción; 50 ptas., con visita de las habitaciones privadas; 70 ptas., con visita de la nueva galería de tapices. Biblioteca, 5 ptas. Farmacia, 5 ptas. Cerrado: 1 de enero, Viernes Santo, 25 de diciembre y los días en que se utilice para los actos oficiales.

Las guías llevan uniforme
azul oscuro con galones
de oro en los hombros.
Tienen que saberlo todo
de memoria, hasta los
menores detalles de los
muebles, las pinturas y
las decoraciones. El re-
corrido dura más de una
hora y media. Me parece
un empleo muy arduo.

PATRIMONIO NACIONAL

PALACIO DE ORIENTE

PALACIO (OFICIAL) * CAPILLA * HABITACIONES PARTICULARES
PALAIS (OFFICIEL) * CHAPELLE * APPARTEMENTS PARTICULIERS
PALACE (OFFICIAL) * CHAPEL * PARTICULAR ROOMS

PTAS. 55,00

№ 087942

El Palacio Real

MARTIN   ¿Cuándo se construyó el palacio?

JULIÁN   Debo saberlo pero te confieso que me he olvidado. De todos modos, la guía te lo dirá. Vamos por este arco a la derecha.

MARTIN   ¿Cuánto vale la entrada?

JULIÁN   Mira, si lo vamos a ver todo . . .

MARTIN   Seguro que sí, tenemos bastante tiempo.

JULIÁN   En este caso te cobrarán noventa y cinco pesetas.

MARTIN   Es mucho. Espero que valdrá la pena. Dos, por favor.

TAQUILLERA   ¿Lo van a visitar todo?

MARTIN   Sí.

TAQUILLERA   Así que son ciento noventa pesetas. Tomen los tickets y vayan a esperar a la guía en el vestíbulo.

GUÍA   Buenos días, señoras y señores. Sigan por aquí. Esta es la escalera principal. Es toda de mármol . . .

MARTIN   ¡Caray! ¿Cuántas habitaciones habremos visitado?

JULIÁN   No lo sé, pero tengo ganas de sentarme a descansar un poquito.

MARTIN   Yo también. Me duelen los pies. No me gustaría ser guía aquí. Hay que saber tantas cosas de memoria además de tener las piernas fuertes para hacer este recorrido no sé cuántas veces al día.

GUÍA   Señoras y señores, acaban Vds. de ver ochenta habitaciones en total de las mil quinientas que hay en el palacio. Los que tienen el ticket amarillo pueden visitar ahora la biblioteca, la farmacia y la armería que se encuentran en otras partes del edificio.

MARTIN   No puedo más.

JULIÁN   ¿Si fuéramos sólo a ver la armería? Vale la pena y ya sé que te interesan esas cosas.

MARTIN   Bueno, me has convencido. Vamos.

27

Aunque la mayoría de los teléfonos
se encuentran en los bares, se van
instalando cabinas telefónicas
como ésta. Para hacer una llamada
se introduce una "ficha" en la
ranura de arriba, se levanta el
microteléfono y se marca el
número. Los números se dividen en
pares así: 2, 75, 64, 21 - dos,
setenta y cinco, sesenta y cuatro,
veintiuno. El disco selector lleva
solamente números.

La "ficha" es un disco
de metal que se compra
en los mismos bares o
en las oficinas de la
Compañía Telefónica.

1. Introduzca DOS MONEDAS DE UNA PESETA en la
   ranura de arriba a la derecha.
2. Levante el microteléfono y espere el tono de llamada.
   Una vez recibido dicho tono marque el número del
   abonado.
3. Al contestar el abonado quedará establecida la
   comunicación.
4. Sí el abonado a quien se llama está comunicando o no
   contesta en este caso las DOS MONEDAS SON
   RECUPERADAS.
5. Por favor una vez terminada la comunicación cuelgue
   el microteléfono. Gracias.

Instrucciones en
una de las cabinas
más modernas

Una llamada telefónica

JULIÁN	¡Caray! ¡Mira la hora que es!
MARTIN	Si son las dos. ¿Es muy tarde?
JULIÁN	Pues mamá nos estará esperando para comer desde la una y media.
MARTIN	Con todo lo que teníamos que ver en el Palacio Real me había olvidado de la hora.
JULIÁN	Yo también. Tengo que llamarla por teléfono para que no se inquiete.
MARTIN	Bueno, vamos a buscar una cabina.
JULIÁN	No será necesario. Hay teléfonos públicos en casi todos los bares.
MARTIN	Hay uno ahí en la esquina.
JULIÁN	Bien. Entremos . . . Oiga por favor, ¿dónde está el teléfono?
CAMARERO	Ahí, señor, en el rincón. ¿No quiere una ficha?
JULIÁN	Sí.
CAMARERO	Dos pesetas . . . Gracias.
MARTIN	¿Qué es una ficha?
JULIÁN	Mira. Es un disco de metal que se introduce en el aparato para poder llamar a un número. ¿No las tenéis vosotros?
MARTIN	No, usamos monedas.
JULIÁN	Pues aquí usamos fichas que son propiedad de la compañía telefónica.
MARTIN	Así se introduce la ficha y se marca el número.
JULIÁN	Sí. El nuestro es 2, 22, 13, 68 . . . Ahora está sonando . . . Hola mamá . . . Sí soy yo . . . No, no nos ha pasado nada. Nos olvidamos de la hora . . . Sí, volveremos ahora mismo. Hasta luego.
MARTIN	¿Todo está bien?
JULIÁN	Ahora sí, pero estaba empezando a inquietarse. Ya sabes lo que son las mamás.

27

Compré mis postales en este estanco. En los estancos se venden tabaco rubio (de tipo americano), tabaco negro (de tipo español), cerillas, sellos, postales y billetes de lotería.

La marca más popular de pitillos es CELTAS seguida de DUCADOS. Cuando los estancos están cerrados se puede comprar tabaco a los vendedores en las calles. Desde luego se paga más.

Los días de fiesta después de comer, muchos españoles toman una copita de coñac u otro licor y fuman un puro. Las cerillas españolas se hacen de papel empapado de cera y enrollado para formar un palito.

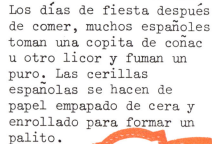

El estanco

JULIÁN	¡Ay! Casi me olvidé de comprar los pitillos para papá.
MARTIN	¿Pitillos?
JULIÁN	Sí. Es una palabra corriente que quiere decir 'cigarrillos'.
MARTIN	Ah, ya entiendo.
JULIÁN	Mira, hay un estanco en aquella esquina.
MARTIN	Aprovecharé la ocasión para comprarme unas postales. Llevo tres días en Madrid y excepto una carta que escribí a mis padres, no he escrito a nadie.
ESTANQUERO	Buenas tardes. ¿Qué deseaban?
JULIÁN	Dos paquetes de Ducados.
ESTANQUERO	Lo siento, se me han acabado los Ducados. Con filtro me quedan Jean, Ganador . . .
JULIÁN	Dos de Jean, entonces. Creo que a papá le será igual. ¿Cuánto es?
ESTANQUERO	Veinte pesetas.
JULIÁN	Tenga. Martin, ¿has escogido tus postales?
MARTIN	Sí. Me llevaré estas cuatro.
ESTANQUERO	Son dieciséis pesetas, señor. ¿Quiere sellos?
MARTIN	Sí, cuatro.
ESTANQUERO	Cuatro sellos de a tres cincuenta . . . Catorce pesetas. ¿Algo más?
JULIÁN	Ah sí. Dos cajitas de cerillas.
ESTANQUERO	Dos pesetas, gracias. Adiós.
MARTIN	Adiós . . . El tabaco es mucho más barato aquí. Allí un paquete vale de treinta y cinco a cuarenta pesetas.
JULIÁN	Esos precios me parecen muy elevados. Si se cobraran aquí, muy pocos podrían permitirse el lujo de fumar.

Se publican muchos periódicos y revistas en
España igual que en otros países. Se venden en
los kioscos como éste o a veces en las librerías.
Por lo general los periódicos cuestan unas tres
pesetas (los domingos, cuatro pesetas). También
se venden muchos "tebeos" de tipo americano.

Se reconocen las farmacias por
la cruz verde o roja que se ve
en el escaparate o delante de
la tienda. En España uno tiene
que pagar los servicios del
médico así como las medicinas
que receta. Afortunadamente no
tuve que comprarme más que
unas aspirinas cuando me dolió
la cabeza. Las medicinas son
bastante caras.

En las droguerías se vende
toda clase de artículos de
tocador: jabón, pasta de
dientes, peines, perfume
etcétera.

De compras

MARTIN   Una cosa que me extraña es que en la mayoría de los comercios no venden más que un género de artículos.

JULIÁN   ¿Y no es así en tu país?

MARTIN   En algunos casos sí, pero me refiero ahora a los estancos. En los estancos se venden, además del tabaco, periódicos, revistas, libros, caramelos, juguetes, en fin una multitud de cosas.

JULIÁN   ¿De veras? Pues ya sabes que aquí es muy distinto. Sólo venden tabaco, cerillas y sellos.

MARTIN   Postales y billetes de lotería.

JULIÁN   Eso también. Los periódicos y revistas se venden en un kiosco, los caramelos en una confitería, los libros en una librería . . .

MARTIN   Sería muy difícil para el turista que no conoce España y no sabe hablar español.

JULIÁN   Claro. Se puede confundir fácilmente. Pero de todos modos sólo tiene que mirar los escaparates para encontrar lo que busca. También hay supermercados.

MARTIN   Tienes razón. Ahora . . . ¿Qué es lo que tenía que comprarme?

JULIÁN   ¿Yo qué sé?

MARTIN   Ya me acuerdo—pasta de dientes. ¿Hay por aquí una farmacia?

JULIÁN   Mira, Martin, aunque hablas español muy bien, aun te puedes equivocar.

MARTIN   ¿Cómo?

JULIÁN   En las farmacias españolas sólo se venden medicinas. La pasta de dientes la tienes que comprar en una droguería o en una perfumería.

MARTIN   ¿De veras? Voy aprendiendo algo nuevo cada día.

28 de julio

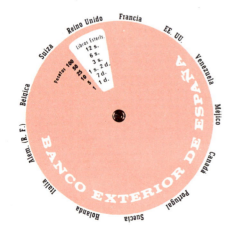

Algunas de estas monedas
tienen apodos, es decir,
nombres familiares. Por
ejemplo la de 10 céntimos
es "una perra gorda"; la de
una peseta - una "rubia" o
una "pela"; la de cinco pesetas -
un "duro" o un "pavo". Suelen contar
en pesetas o en duros según quieren.
Además de las monedas hay billetes
de banco; de 100 ptas, color marrón;
de 500 ptas, color azul; de mil
ptas, color verde.

Se pueden cambiar cheques de viajero
en todos los bancos o agencias de
viajes. No todos ofrecen el mismo
cambio - hay variaciones de algunas
pesetas. En el escaparate o en la
fachada hay un letrero que indica el
cambio del día.

En el banco

MARTIN	Se me ocurre una cosa importante . . .
JULIÁN	¿Qué?
MARTIN	Que me queda muy poco dinero. Tendré que cambiar un cheque.
JULIÁN	Vamos a un banco pues. En esta calle hay muchos. ¿Cuál prefieres . . . el Banco de España, el de Bilbao?
MARTIN	Me es igual con tal que todos den el mismo cambio.
JULIÁN	Más o menos. Mira la lista en este escaparate . . . Ahí, moneda extranjera.
MARTIN	Dólares . . . francos . . . libras esterlinas, marcos . . .
EMPLEADO	Buenos días señor, ¿en qué puedo servirle?
MARTIN	Quisiera cambiar un cheque de viajero.
EMPLEADO	Muy bien. Su pasaporte, por favor. Gracias . . . Firme Vd. aquí . . . Ahora tome este papelito que lleva el número 27 y pase por caja. El cajero anunciará su número y entonces Vd. irá a reclamar su dinero.
MARTIN	Gracias.
EMPLEADO	No hay de qué.
JULIÁN	Afortunadamente hoy no hay gran cola. A veces tiene uno que esperar mucho tiempo.
CAJERO	El veintisiete.
MARTIN	Tenga.
CAJERO	Vale 1.664,4 pesetas, menos comisión, así que son 1.658,60 en total. Mil . . . seiscientas . . . cincuenta y ocho, con sesenta céntimos.
MARTIN	Gracias. Adiós.
CAJERO	Adiós, señor. ¡Oiga! ¡No olvide su pasaporte!

29 de julio

La Plaza de Toros "Monumental" de Madrid es la más grande de España. La ambición de cada torero es actuar aquí ante el público más crítico del mundo taurino.

Por lo general se lidian seis toros, dos para cada uno de los tres espadas. Ya que el español trabaja seis días a la semana, se celebran los toros los domingos. Se pueden comprar carteles como recuerdo.

Cuando hay toros los aficionados van a las taquillas para sacar sus billetes con anticipación. Los días de corridas importantes, por San Isidro por ejemplo, la plaza está completa y mucha gente se queda sin entradas. Pueden comprarlas a precios muy elevados a los revendedores que venden billetes de "estraperlo".

Los toros

JULIÁN	¿Tienes las entradas, papá?
SR. OÑATE	Sí, pero no son de las mejores. Tuve que hacer cola durante una hora y cuando llegué a la taquilla no quedaban más que localidades de sol y sombra.
MARTIN	¿Va mucha gente entonces?
SR. OÑATE	Sí. Actuarán tres de los mejores matadores del país.
JULIÁN	¿En qué fila estamos?
SR. OÑATE	La número quince. Desde allí veremos bastante bien.
JULIÁN	¿Crees que te gustarán los toros, Martin?
MARTIN	No sé. Algunos me han dicho que es muy cruel, otros que es un espectáculo bonito. De todos modos no creo que me guste la sangre.
JULIÁN	¿Y no tenéis deportes de sangre en tu país? La caza del zorro o del ciervo, por ejemplo. Esos animales no tienen ninguna probabilidad de escapar a los perros, ni a los cazadores . . .
MARTIN	¿Y los toros sí? Encerrados en el ruedo, rodeados de gente que intenta matarlos . . .
SR. OÑATE	Basta, basta. Esto nunca se resolverá disputando. Nunca os pondréis de acuerdo. Mira, los toros es una fiesta que siempre tendrá sus partidarios y sus detractores. Dejadlo ahí.
JULIÁN	Pero papá . . .
SR. OÑATE	Te digo que te calles, hijo. No vas a convencer a nadie. Lo mejor será que Martin vea una corrida y se decida por sí mismo. Ahora tenemos que salir si hemos de llegar a tiempo.

29 de julio

El paseíllo es muy vistoso. Salen primero los alguaciles seguidos por las cuadrillas. A la cabeza van los tres matadores que saludan a la Presidencia, quitándose las monteras. Los trajes de luces centellean al sol. Están adornados de oro y de piedras semipreciosas.

Muchas mujeres son aficionadas a los toros. En corridas especiales algunas llevan peinetas altas y mantones de Manila. Suelen llevar también un clavel en el pelo. Es la flor nacional de España.

Lo que más me entusiasmó fueron los pases con el capote. Los matadores hicieron unos pases estupendos.

El banderillero clava tres pares de banderillas en el cuello del toro. Son palos de madera con una púa en el extremo. El torero tiene que ser muy ágil para evitar el embiste del toro.

La corrida

SR. OÑATE	Esperadme un momentito. Voy a alquilar unas almohadillas.
MARTIN	¿Almohadillas? ¿Para qué?
JULIÁN	Para que te puedas sentar más cómodo. Las graderías son de cemento y después de dos horas sentado tiene uno calambres en el trasero.
SR. OÑATE	Toma. Martin, si no te gusta lo que ves, cuidado que no arrojes la almohadilla al ruedo. ¡Te cascan una multa por hacer eso!
MARTIN	¿Empezará pronto la corrida?
JULIÁN	Sí. Los toros siempre empiezan a la hora anunciada, hoy, a las cinco y media de la tarde. Faltan unos dos minutos. Ah, ya suena el clarín.
MARTIN	¡Qué desfile más estupendo!
JULIÁN	Se llama el 'paseíllo' y toman parte todos los que actuarán en la corrida.
SR. OÑATE	Mira los alguaciles, Martin, los hombres a caballo que llevan traje antiguo. Antiguamente pedían las llaves de los toriles al presidente que se las tiraba desde su palco.
MARTIN	Los toreros visten trajes de luces, ¿verdad?
JULIÁN	Sí, y en la cabeza llevan la montera.
MARTIN	¿Cómo se llaman las capas grandes?
JULIÁN	Son capotes los de color rosado y oro. El matador empieza su faena con el capote. Después toma la muleta que es más pequeña y de color rojo vivo.
SR. OÑATE	Mira, que va a salir el primer toro.

29 de julio

Esta parte de la corrida no me gustó nada, pero me dicen que es necesaria. El caballo lleva un "peto" muy pesado para protegerse de los cuernos del toro.

Un matador célebre puede ganar mucho dinero. Me pregunto si vale la pena correr el riesgo de morir en la plaza. Supongo que es una manera de ganarse la vida pero a mi no me atrae. Preferiría ser futbolista.

Un picador

El Cordobés

No hubo fútbol mientras estuve en Madrid. Julián me dio un programa del Real Madrid Club de Fútbol. Me hubiera gustado ver al equipo jugar en el campo de Chamartín.

Reflexiones

SR. OÑATE	Bien, Martin, ¿qué piensas de tu primera corrida?
MARTIN	No creo que vaya a ser uno de mis deportes favoritos, algunos aspectos me parecen bonitos—la suerte de banderillas, por ejemplo y los pases con el capote.
JULIÁN	Pero no te gustaron los picadores, ¿verdad?
MARTIN	De ninguna manera. Esos pobres caballos con los ojos vendados, y el toro con la pica clavada en el cuello . . .
SR. OÑATE	Te concedo que eso no es muy agradable pero sí es necesario. Sin los picadores la lucha se prolongaría mucho. Un toro de lidia es muy fuerte, una verdadera fiera.
MARTIN	Como el tercero.
JULIÁN	¿El que cogió al matador? Noté que te pusiste entonces de parte del toro.
MARTIN	En realidad, no. Me alegro de que el torero no fuera herido gravemente. Pienso que fue muy valiente por seguir con su faena.
SR. OÑATE	Valiente sí pero no muy hábil.
MARTIN	No sé yo bastante para decir sí o no. De todos modos, prefiero el fútbol como espectáculo.
SR. OÑATE	Eso también tiene muchísimos aficionados en España.
JULIÁN	Yo soy partidario del Real. Es una lástima que no haya partido esta semana. Podríamos haber ido, Martin.
MARTIN	Otro año, quizás.
JULIÁN	¡Ojalá sea!

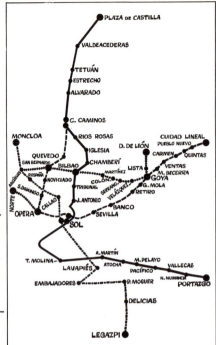

El Metro de Madrid no es muy complicado por tener pocas líneas. Sólo hay cuatro y por eso menos posibilidades de extraviarse. Para cambiar de línea se sigue el aviso que anuncia CORRESPONDENCIA.

Los trenes están pintados de rojo y me parecen bastante viejos. Hay muy pocos asientos y la mayoría de los pasajeros se quedan de pie. Está "PROHIBIDO FUMAR O LLEVAR EL CIGARRO ENCENDIDO BAJO MULTA DE 5 PESETAS". También "NO SE PERMITE VENDER EN LOS COCHES". ¡Me pregunto quién podría vender algo cuando van como sardinas en lata!

Una de las "bocas" del Metro. Bajando las escaleras llega uno a la taquilla donde se saca el billete que desea: billete sencillo - 2 ptas.; ida y vuelta, días laborables - 2 ptas.; Metro-Suburbano sencillo - 3 ptas.; ídem, ida y vuelta - 5 ptas. También se puede sacar tacos de diez billetes que tienen validez para cualquier trayecto. He aquí una selección de billetes:

En el Metro

MARTIN	¿Sabes una cosa?
JULIÁN	¿Qué?
MARTIN	Que hasta ahora no he viajado en el Metro.
JULIÁN	Pues si quieres, iremos en el Metro hoy hasta el Retiro. Luego pasaremos por el Museo del Prado.
MARTIN	De acuerdo. ¿Dónde está la estación?
JULIÁN	Por ahí, a unos trescientos metros . . .
MARTIN	¿No hay ascensor?
JULIÁN	Aquí no. En el centro de la ciudad sí, y escaleras automáticas también. Bajemos las escaleras.
MARTIN	Yo saco los billetes.
JULIÁN	No. No te preocupes, ya tengo un taco.
MARTIN	¿Un taco?
JULIÁN	Sí. Es como un librito de billetes que valen para cualquier trayecto. Pasamos por esa puerta donde el letrero dice VIAJEROS CON BILLETES. Allí el revisor sellará los billetes con el nombre de la estación y la fecha.
MARTIN	Hace calor, ¿eh?
JULIÁN	Aun peor en el tren. Seguramente que viene atestado.
MARTIN	Ahí viene.
JULIÁN	Subamos pronto. Apenas le dejan a uno el tiempo de bajar y subir antes de cerrar las puertas y arrancar.
MARTIN	El sistema es muy sencillo. Sólo hay cuatro líneas según este plano.
JULIÁN	Sí pero la red se va ensanchando ahora conforme va creciendo la ciudad. Ven. Tenemos que cambiar de tren aquí.
MARTIN	La Puerta del Sol. ¿Qué línea tomamos ahora?
JULIÁN	La de Ventas.

30

Una fuente cerca de la
entrada del parque. No funciona por falta de agua.
Cerca de aquí había un
hombre que regaba la hierba
y los árboles. ¡También
tenían sed igual que
nosotros! Ya que en verano
llueve muy poco es necesario
dar de beber a las plantas
por lo menos una vez al día;
si no, morirán pronto.

Al otro lado del
Estanque se alza un
monumento impresio-
nante de Alfonso
XII. Los aficiona-
dos pueden alquilar
botes de remo y los
perezosos como yo
pueden pasearse en
motolancha. Hacía
tanto calor que no
me apetecía la
idea de remar. ¡Eso
para los que tengan
fuerzas!

Cruzamos el parque después de tomar un refresco
debajo de los árboles y paseamos por estos
jardines. Procuramos andar a la sombra donde hace
más fresco. Entonces nos dirigimos al Museo del
Prado a ver sus famosas pinturas.

El Retiro

MARTIN   Me alegro de que por fin hayamos salido del Metro. Apenas si podía respirar.

JULIÁN   No fue mal viaje, ése. Deberías hacer un viaje a eso de las siete de la tarde cuando todo el mundo regresa a casa.

MARTIN   ¡Ni pensarlo! A mí me basta un viaje solo. Volveremos en el microbús donde por lo menos podemos sentarnos.

JULIÁN   Por estas puertas puedes olvidarte del Metro, del tráfico, en fin de todo el bullicio de la ciudad.

MARTIN   Verdad que es muy tranquilo. ¡Cuidado! Ese hombre con la manga de riego te va a mojar.

JULIÁN   No te preocupes. Un poco de agua fresca no me vendría mal ahora.

MARTIN   Las plantas tendrán sed igual que yo.

JULIÁN   Si quieres tomar un refresco iremos a uno de los bares al lado del estanque. Vamos por aquí.

HOMBRE   Buenos días, señores. ¿Un paseíto en bote?

JULIÁN   ¿Que te parece, Martin?

MARTIN   ¡Apenas puedo seguir andando!

HOMBRE   Pues den Vds. una vuelta en la motolancha.

MARTIN   Gracias, no. Ahora me hace falta descansar y tomar un refresco.

JULIÁN   Debajo de esos árboles hay unas mesitas a la sombra.

MARTIN   ¡Ah, esto es mejor! ¿Qué quieres tomar, Julián?

JULIÁN   ¿Me invitas?

MARTIN   Pues sí, hombre.

JULIÁN   Gracias. Una Coca-cola con hielo.

CAMARERO   ¿Y Vd., señor?

MARTIN   Para mí una naranjada, también con hielo.

La fachada del Prado es muy impresionante. Delante se encuentra la estatua del famoso pintor Velázquez. En este edificio se reunen las colecciones de pinturas formadas por los monarcas de España a lo largo de los siglos. En el año 1819 cuando se inauguró el museo contenía unos 300 cuadros. Hoy el número alcanza casi 3000.

MUSEO DEL PRADO (PUERTA NUEVA)

ENTRADA
DIEZ PESETAS

Nº 016150

Consérvese este boleto a disposición de los Celadores del Museo.

Paseo del Prado. Teléfono 2398023. Horario: de noviembre a enero, de 10 a 17 horas; de febrero a mayo y octubre, de 10 a 17,30 horas: de junio a 20 de septiembre, de 10 a 18. Domingos y festivos, de 10 a 14. Precio: 20 ptas.; domingos: 10 ptas.; sábados por la tarde, gratuito. Cerrado el 1 de enero, Viernes Santo, 1 de noviembre y 25 de diciembre.

Los dos cuadros que más me gustan son "Los Borrachos" de Velázquez, y "Los Fusilamientos del día 3 de mayo" de Goya. En la galería había un pintor que copiaba el cuadro de Velázquez pero no creo que el artista moderno alcance la fama de su célebre modelo.

El Museo del Prado

JULIÁN   ¿Quieres comprar una guía?

MARTIN   Creo que no. No soy tan aficionado a la pintura. Me compraré unas postales de los cuadros que más me gustan.

JULIÁN   Como quieres. Mira, yo no estoy tan enterado de la pintura. No puedo servirte de guía.

MARTIN   No te preocupes por eso. Todos los cuadros llevan una etiqueta en el marco que anuncia el título y el pintor. Con eso tendremos bastantes datos, ¿no te parece?

JULIÁN   Bien. ¿Por dónde empezaremos?

MARTIN   Aquí en la planta baja. Recorreremos estos galerías, luego subiremos a la principal.

JULIÁN   ¡Mira estos bocetos de Goya! ¡Qué artista!

MARTIN   Tienes razón pero prefiero sus pinturas. ¡Mira ésa!

GUÍA   Éste es un cuadro muy famoso. Lo pintó Goya para conmemorar las sublevaciones del 2 de mayo de 1808 cuando el pueblo de Madrid se rebeló contra las tropas francesas que ocupaban la capital. Los franceses fusilaron a muchos madrileños.

MARTIN   No me habría gustado vivir en Madrid por aquel entonces.

JULIÁN   ¡A mí tampoco!

MARTIN   ¡Ah! Aquí está la sala de Velázquez. ¿Qué mira toda esa gente? Mira, Julián, es un pintor que copia ese cuadro.

JULIÁN   A ver . . . Pues aunque no esté muy enterado de estas cosas, no creo que lo pinte muy bien.

MARTIN   Mejor que yo, sin embargo. Pero estoy de acuerdo contigo. No reproduce el mismo ambiente que tiene el original.

30 de julio

Desde luego lo pasamos estupendamente en casa de
Miguel. Conocí a algunas chicas muy guapas.
¡Lástima que todas tenían novios! Todos querían
saber qué tal me encontraba en Madrid. Total que me
puse ronco de tanto hablar y cantar y me acosté
muy tarde.
Me compré algunos discos de música popular y
bailable. Cuando volví a casa descubrí que los
discos tienen un gran agujero en el centro. Tuve
que comprar un disco de plástico que se introduce en el gran agujero para poder tocarlos en
mi tocadiscos. Me gustan las sardanas, las jotas
y sobre todo las sevillanas pero aún no sé
bailarlas.

Un guateque

JULIÁN	Date prisa Martin. No queremos llegar tarde.
MARTIN	¿Vamos a pie?
JULIÁN	Sí. Sólo tardaremos unos quince minutos. ¿Dónde puse ese paquete?
MARTIN	Ahí en la mesita. ¿Qué le vas a regalar a Miguel?
JULIÁN	El último disco de su cantante favorito.
MARTIN	Ah, música popular.
JULIÁN	No. Creo que te equivocas. La música popular es la música típica de una región, tal como la sardana de Cataluña. Este disco es de música bailable, ye-ye.
MARTIN	¿Entonces vamos a bailar?
JULIÁN	Seguro que sí. Miguel habrá invitado a un grupo de chicos y chicas de nuestra edad. Tiene un buen tocadiscos. Bailaremos y cantaremos . . .
MARTIN	Me parece que va a ser una fiesta muy alegre.
JULIÁN	Ya lo creo. Oye, por aquí, por la escalera. Miguel vive en el segundo piso.
MARTIN	¿Esta puerta?
JULIÁN	Sí. Aprieta el botón del timbre.
MIGUEL	Hola, chicos. ¿Qué tal?
JULIÁN	Bien, gracias. Muchas felicidades, Miguel.
MARTIN	Muchas felicidades.
MIGUEL	Gracias. Pasad, pasad.
MARTIN	Julián . . . el paquete.
JULIÁN	Ah, sí. Toma, Miguel, un pequeño obsequio de nuestra parte.
MIGUEL	¡Qué bien! El único disco de la serie que me falta. Muchísimas gracias. Pasad a la sala. Os presentaré a los demás.
JULIÁN	Ven, Martin. Vamos a divertirnos, ¿eh?
MARTIN	¡Ya lo creo!

31

31 de julio

ZONA VINICOLA "RIOJA"

GARANTIA DE ORIGEN

« MENU TURISTICO »

PRECIO: 110 PTS.

Se compone eligiendo:

1 plato del grupo 1.º
1 » entre los grupos 2.º, 3.º
1 » del grupo 4.º
Pan y ¼ litro de vino del país

Prix

A la carta
Pesetas

1º Grupo: Entremeses, sopas y cremas
Entremeses variados _ _ _ _ _ _ _ _ _ _ 20
Consomé de ave _ _ _ _ _ _ _ _ _ _ 25
Sopa de pescado _ _ _ _ _ _ _ _ _ _ 20
Sopa de gallina _ _ _ _ _ _ _ _ _ _ 20
2º Grupo: Verduras, huevos y pescado
Alcachofas salteadas _ _ _ _ _ _ _ 40
Espárragos a la vinagreta _ _ _ _ _ 35
Revuelto de champiñón _ _ _ _ _ _ 30
Tortilla de jamón _ _ _ _ _ _ _ _ 40
Tortilla de gambas _ _ _ _ _ _ _ _ 35
Tortilla de espárragos _ _ _ _ _ _ 35
Huevos fritos con jamón _ _ _ _ _ 35
Merluza a la vasca _ _ _ _ _ _ _ _ 35
Merluza frita _ _ _ _ _ _ _ _ _ _ 35
Chipirones en su tinta _ _ _ _ _ _ 40
Kokotxas de merluza _ _ _ _ _ _ _ 35
Langosta con mahonesa _ _ _ _ _ 35
Almejas a la marinera _ _ _ _ _ _ 35
Bonito con tomate _ _ _ _ _ _ _ _ 40

Bacalao _ _ _ _ _ _ _ _ _ _ 30
Angulas _ _ _ _ _ _ _ _ _ _ 30
Truchas _ _ _ _ _ _ _ _ _ _ 30
Gambas al ajillo _ _ _ _ _ _ _ 35
Calamares _ _ _ _ _ _ _ _ _ 40
Cigalas _ _ _ _ _ _ _ _ _ _ 35
3º Grupo: Carnes y aves
Chuleta de ternera _ _ _ _ _ 70
Chuleta de cerdo _ _ _ _ _ _ 75
Bistec de solomillo _ _ _ _ _ 75
Filete de ternera _ _ _ _ _ _ 80
Cordero asado _ _ _ _ _ _ _ 75
Cochinillo _ _ _ _ _ _ _ _ _ 85
Perdiz a la cazadora _ _ _ _ 80
Pollo asado _ _ _ _ _ _ _ _ 70
Menestra de Pollo _ _ _ _ _ 70
Jamón natural _ _ _ _ _ _ _ 75
Cabeza cordero _ _ _ _ _ _ _ 75
Fiambres variados _ _ _ _ _ 75
Callos _ _ _ _ _ _ _ _ _ _ _ 70
4º Grupo: Dulces, helados, quesos y fruta
Mantecado vainilla _ _ _ _ _ 25
Flan al caramelo _ _ _ _ _ _ 30
Piña al Kirsch _ _ _ _ _ _ _ 35
Melocotón en almíbar _ _ _ _ 35
Quesos variados _ _ _ _ _ _ 30
Fruta variada _ _ _ _ _ _ _ 25
Fresas _ _ _ _ _ _ _ _ _ _ 35

el pajar

RESTAURANTE

Estrella, 4 - Luna, 15 - Teléf. 222 48 01

Cantidad	CONCEPTO	Pesetas	Cts.
2	entremeses	40	
2	gambas al ajillo	70	
4	cochinillos	340	
1	Rioja rosado	20	
2	Piñas al Kirsch	70	
2	Mantecados vainillas	50	
	TOTAL	590	

ROSADO

Bodegas del Romeral

Fundadas en 1881

Félix Azpilicueta Martínez S.A.

Cosecheros

Domicilio Social

FUENMAYOR (LOGROÑO) ESPAÑA

PRODUCE OF SPAIN

"UN BUEN VINO"

AZPILICUETA ROMERAL

44

La cena

JULIÁN	¿Adónde vamos papá?
SR. OÑATE	Puesto que pasado mañana salimos para San Sebastián, vamos a celebrar la visita de Martin yendo al cine.
MARTIN	Muchísimas gracias, señor Oñate.
SR. OÑATE	No hay de qué, hijo. Y antes, cenaremos fuera. Apresuraos, que tengo reservada una mesa.
CAMARERO	Por aquí, señora, señores, la mesa del rincón.
SR. OÑATE	Gracias. Traiga la carta, por favor.
CAMARERO	En seguida, señor.
SR. OÑATE	Martin, eres el huésped de honor, escoge lo que quieras.
MARTIN	¡Vaya una lista! No sé por dónde empezar.
SRA. DE OÑATE	Te gustan los mariscos, ¿no? Los hay muy ricos aquí— gambas, calamares, cigalas . . .
MARTIN	Tomaré unas gambas al ajillo.
SR. OÑATE	Y yo unos entremeses.
SRA. DE OÑATE	Yo también.
JULIÁN	Yo, lo mismo que Martin.
CAMARERO	¿Después?
MARTIN	Un plato de carne, pero no sé qué . . .
CAMARERO	Si puedo sugerirle al señor un plato muy rico—cochinillo . . .
JULIÁN	¡Eso es! Es cerdito asado. Estoy seguro que te va a gustar, Martin.
MARTIN	Bueno, cochinillo entonces.
SR. OÑATE	Para cuatro.
CAMARERO	Así que son dos entremeses, dos gambas al ajillo y cuatro cochinillos.
SR. OÑATE	Y para rociarlo todo, una botella de vino de marca, Rioja, creo, clarete.
CAMARERO	Muy bien, señor. ¿De postre?
SR. OÑATE	Lo dejaremos para más tarde.

31

Hay muchos cines en Madrid. La "tele" aun no los ha obligado a cerrar las puertas. Es mejor sacar las entradas con anticipación como hacen estos señores. Pensaba que iba a tener mucho calor pero en la fachada había un gran cartel que decía "REFRIGERADO". En realidad hacía fresquito dentro del edificio.

Cartelera

CINE

✿ **ACTUALIDADES.** — A las 4-00, 7-00 y 10-45: No-Do y "La conquista del Oeste".

✿ **AMAYA.** — A las 5-00, 7-30 y 10-45: Do-Do y "Los caballeros del rey Arturo".

✿ **ASTORIA.**—A las 4-30, 7-30 y 10-45: No-Do y "La carrera del siglo".

✿✿✿ **BELLAS ARTES.** — A las 5-00, 7-30 10-45: No-Do y F. de Flint".

✿ **MIRAMAR.**—A las 5-15, 7-30 y 10-45 No-Do y "Espia a la fuerza".

✿✿ **NOVEDADES.** — A las 5-15, 7-30 y 10-45: No-Do y "Fifí, la Plume".

✿✿✿ **NOVELTY.**—A las 5-15, 7-30 y 10-45, No-Do y "Noche de violencia".

✿ Apta para todos.
✿✿ Apta para mayores de 14 años
✿✿✿ Apta para mayores de 18 años

46

Visita al cine

MARTIN	¿No es muy tarde para ir al cine?
JULIÁN	Para ti, quizás, pero para nosotros es normal. La última función empieza a eso de las once. Así es que se puede ir después de cenar.
SR. OÑATE	Otros países tienen otras costumbres. Por ejemplo aquí no se permite fumar ni en los cines ni en los teatros. Tengo que apagar el puro.
ACOMODADORA	Las entradas, por favor.
SR. OÑATE	Tenga.
ACOMODADORA	A ver . . . Butacas de la fila veinte . . . Síganme . . . Esas cuatro.
SR. OÑATE	Tome Vd.
ACOMODADORA	Gracias, señor.
MARTIN	¿No recibe un sueldo?
JULIÁN	Sí pero es costumbre darle propina.
SRA. DE OÑATE	Emiliano, ponte aquí a mi lado. Tú, Julián, en la butaca del pasillo con Martin. Así puedes salir más fácilmente si quieres algo.
MARTIN	¿Quieres un caramelo?
JULIÁN	No, gracias. Mamá, tengo sed. ¿Puedo comprarme una gaseosa?
SRA. DE OÑATE	Ahora no. Mira, se apagan las luces. Tendrás que esperar hasta el descanso.

31 de julio

31

Los taxis madrileños son negros con rayas rojas. Es muy barato viajar en taxi en Madrid. Aquí cobran 10 ptas. al bajar la bandera y 4 ptas. por kilómetro. ¡Cómo todos los españoles conducen a toda velocidad!

El sereno está encargado de las llaves de las puertas principales de varios bloques de pisos. Lleva gorra y abrigo grises y en la mano tiene un bastón. Se le llama dando palmadas y a veces gritando en voz alta "¡Sereno-o-o!", si no acude pronto.

Esta es la puerta principal que se cierra a las once de la noche.

48

Regreso a casa

JULIÁN	¿Tienes sueño, Martin?
MARTIN	¡Hombre, sí! ¿Qué hora es?
JULIÁN	Las dos y media.
MARTIN	¿De veras? A estas horas suelo estar roncando en la cama.
SRA. DE OÑATE	Pues te faltan pocos minutos para eso. El taxi se para. Hemos llegado.
SR. OÑATE	Un momento, voy a pagar al taxista. Tenga y quédese con la vuelta.
TAXISTA	Muchas gracias, señor. Buenas noches.
SRA. DE OÑATE	Venga, Emiliano. Saca la llave.
SR. OÑATE	La estoy buscando . . . No, no la tengo. La habré dejado en casa.
MARTIN	¿Cómo podemos entrar sin llave?
JULIÁN	Papá llamará al sereno.
MARTIN	¿Aun hay serenos, entonces? Pensaba que ya no existían en las grandes ciudades.
SR. OÑATE	Pues ahora vas a ver a tu primer sereno. Le voy a llamar dando palmadas . . . así.
SERENO	Ya voy . . . Ya voy . . . Buenas noches . . . Pasen, pasen. Muchas gracias, señor. Que descansen.
MARTIN	¿Qué le dio al sereno tu papá?
JULIÁN	Dos o tres pesetas por el servicio.
MARTIN	Oh. ¡Ay, perdón! No puedo menos de bostezar.
SRA. DE OÑATE	A la cama en seguida. Se te van a pegar las sábanas mañana.
MARTIN	¡Ya lo creo! Buenas noches y muchas gracias.

E

1º de agosto

ADIOS A MADRID

¡Adiós a la Gran Vía!

¡Adiós a Don Quijote!

¡Adiós a la Puerta del Sol!

¡Adiós a los Correos!

Y adiós a todos los simpáticos madrileños que me dieron la bienvenida a su hermosa ciudad, que fueron tan amables conmigo, que me enseñaron una parte de su vida, tan distinta de la que llevo yo.

Planeando el veraneo

SRA. DE OÑATE	Martin, ¿quieres más churros?
MARTIN	Gracias, sí. ¿Hay un poco más chocolate?
SRA. DE OÑATE	A ver . . . Sí, sírvete.
JULIÁN	¿Habrá más churros para mí?
SRA. DE OÑATE	Creo que sí, pero no tomes demasiados. Tu papá querrá algunos.
JULIÁN	Ahí viene. Le oigo abrir la puerta.
SR. OÑATE	Todo está arreglado ahora. El depósito está lleno de gasolina, los frenos funcionan bien, sólo nos hace falta hacer las maletas.
MARTIN	En cuanto a mí, no me queda sino poner mi cepillo de dientes.
JULIÁN	¿Ya has hecho la tuya, pues?
MARTIN	Sí mientras tú te echabas la siesta. No tenía ganas de dormir.
SRA. DE OÑATE	¡Qué chico más listo! Supongo que yo tendré que hacer la tuya, Julián.
JULIÁN	Si la hago yo, mamá, tú dices siempre que lo estropeo todo.
SRA. DE OÑATE	Emiliano, ¿a qué hora salimos mañana?
SR. OÑATE	Sobre las cinco para evitar la congestión en el centro.
MARTIN	Es un viaje muy largo, ¿verdad?
SR. OÑATE	Sí. Tardaremos unas seis o siete horas en llegar.
SRA. DE OÑATE	Y por eso nos acostaremos temprano.
JULIÁN	Mamá, Martin y yo saldremos para que él diga adiós a Madrid.
SR. OÑATE	No te pongas triste, Martin. Te queda una semana más en España, en San Sebastián.
MARTIN	Sí y la estoy esperando con mucha ilusión.
JULIÁN	Bueno, vamos a dar el último paseo por la Gran Vía.
SRA. DE OÑATE	No volváis tarde, chicos. Mañana tenéis que madrugar.

2 de agosto

Primera vista de la playa de San Sebastián, capital de Guipúzcoa. En vasco los habitantes se llaman "donostiarras". En la ancha explanada se puede andar sin miedo de ser aplastado por los muchos turismos que ruedan por las calles. Aquí se congregan millares de turistas de todos los países de Europa.

Los tíos de Julián, los Sres. de Páez, y su hija Milagros viven en un bloque de pisos modernos en las afueras de la ciudad. Me recibieron como a otro miembro de la familia - son muy simpáticos. A Milagros, todo el mundo la llama "Mila". Tiene diecisiete años y es muy guapa.

A un extremo de la calle está la pequeña estación de Amara de donde sale el tranvía de la frontera francesa. ¡Me dicen que el viaje no es muy cómodo! Aquí el tren está a punto de arrancar.

El piso de los tíos

SR. OÑATE	Ahora vamos a buscar un lugar para el coche.
JULIÁN	No creo que haya sitio por ninguna parte.
MARTIN	Me parece que aquel coche francés va a arrancar.
SR. OÑATE	Tienes razón. Venga, hombre, que no te vamos a esperar todo el día. Eso es . . . Ya estamos. Mira, ahí vienen los tíos a recibirnos.
SRA. DE PÁEZ	Emiliano, Carmen, ¿cómo estáis? Tanto tiempo sin veros. Y Julián . . .
MILA	Hola, Julián. ¿No vas a besar a tu prima?
SR. OÑATE	Os presento a Martin, el chico de quien os hablé.
SRA. DE PÁEZ	¡Qué guapo es, y qué rubio! Tendrá que tener cuidado con el sol.
SR. PÁEZ	Vaya, Pilar, siempre la mamá. ¿No te dije ya que los chicos son mayores y bien pueden cuidarse? Ahora, subid todos. Yo me ocupo de las maletas.
MILA	No cabemos todos en el ascensor. Voy a subir por la escalera. Julián, Martin, ¿queréis acompañarme?
JULIÁN	¿Al quinto piso? ¡Ni hablar! Esperaré hasta que baje el ascensor.
MARTIN	De acuerdo. Estoy rendido.
MILA	¡Vaya perezosos! Me voy. Hasta ahora.
SRA. DE OÑATE	Emiliano, quédate aquí y ayúdale a José con las maletas, ¿eh?
SR. OÑATE	Desde luego. Subid vosotros . . .
MILA	Señores, bienvenidos a nuestro humilde domicilio. Tomen Vds. posesión de su casa.
SRA. DE PÁEZ	No seas guasona, hija. Muéstrales a los chicos su habitación.
MILA	Por aquí, a la derecha. Y no fisguéis en el tocador. Todavía hay cosas mías en los cajones.
JULIÁN	Te lo prometemos. Tus secretos están seguros.

3 de agosto

En este barrio se puede comprar de todo y durante la época del veraneo todos los comercios y los bares rebosan de gente que habla todos los idiomas de Europa. En 1813, durante la Guerra de la Independencia, sólo esta parte se salvó de un gran incendio que destruyó muchos edificios. Al final de la calle se alza la fachada de la iglesia de Santa María, que fue construida en el siglo XVII.

REPRESENTACIONES MILITARES DE FRANCIA, INGLATERRA, PORTUGAL Y ESPAÑA, HERMANADAS EN LA CONCORDIA, DESCUBREN ESTA LÁPIDA EN RECUERDO DEL HEROISMO DE LOS SOLDADOS QUE LUCHARON BRAVAMENTE AL PIE DE ESTOS MUROS DEFENDIENDO EL HONOR Y LA INDEPENDENCIA DE SUS PATRIAS; Y RINDEN HOMENAJE DE ADMIRACION Y RESPETO A LA CIUDAD DE SAN SEBASTIAN, QUE DESPUÉS DE SUFRIR PACIENTEMENTE EN LA GUERRA SUPO ALCANZAR LOS LAURELES DE SU RESURGIMIENTO EN EL ESFUERZO DE LA PAZ.

31 DE AGOSTO DE 1813 — 31 DE AGOSTO DE 1963

Esta lápida conmemora el día en que las tropas aliadas libraron la ciudad de las fuerzas napoleónicas. Por desgracia, durante la batalla unas casas se prendieron fuego y el 31 de agosto de 1813 fue un día de terror para los donostiarras.

Los restaurantes ofrecen una rica variedad de comidas y la comida vasca es muy buena. ¿No se le hace agua la boca al ver estos platos típicos del país?

Vino y tapas

SR. PÁEZ	Hola, chicos. ¿Qué hacéis por aquí?
JULIÁN	Estamos mostrándole a Martin la Parte Vieja.
SR. PÁEZ	¿Son buenos guías, Martin?
MARTIN	Ya lo creo. Me encantan estas calles estrechas donde uno de cada dos comercios es un bar.
SR. PÁEZ	Es que nosotros los vascos somos aficionados a la buena comida y el buen vino. ¿Verdad, Emiliano?
SR. OÑATE	¡Claro que sí! ¿Y si convidáramos a los chicos a tomar un chato y alguna que otra banderilla?
JULIÁN	Con mucho gusto. ¿De qué dudas, Martin?
MARTIN	No entiendo eso de 'chato' y 'banderillas'. Pensaba que las banderillas eran dardos que se clavan a un toro.
SR. OÑATE	Y lo son. Pero también la palabra se aplica a las tapas que se ven en los mostradores de los bares. Son trozos de huevo o salchicha o mariscos traspasados por un palillo.
SR. PÁEZ	Y un chato es un vasito de vino.
MARTIN	Muchas gracias por la invitación. La acepto con mucho gusto.
SR. PÁEZ	Muy bien. Pasamos por aquí. Es un bar donde suelen poner una rica variedad de tapas.
CAMARERO	¿Qué va a ser, señores?
SR. PÁEZ	¿Qué tomáis, chicos?
MILA	Yo, una naranjada.
JULIÁN	Un chato de tinto para mí.
MARTIN	Para mí, un chato de tinto también, pero con gaseosa.
MILA	¡De ese modo, no te vas a emborrachar!
SR. PÁEZ	Así que son cuatro tintos, uno con gaseosa, y una naranjada.
CAMARERO	Muy bien.
SR. OÑATE	Y ahora, las banderillas. Escoged donde queráis.

La playa de San Sebastián se parece a cualquier playa soleada - tanta gente que apenas se ve la arena. Uno se cambia la ropa en las casetas que hay debajo de los soportales. Luego se da los vestidos a la guardiana que le entrega a uno un resguardo.

Los toldos y los parasoles ofrecen una grata sombra después del calor en el agua. Se pueden alquilar para el día. Cuando la marea está alta, los quitan todos. El agua está muy limpia y no hay corrientes peligrosas.

PLAYA DE LA CONCHA

SE PROHIBE

en toda la extensión del Paseo cubierto de la Playa

I   Estacionarse e instalarse para comer.
II Vestirse y desvestirse depositando la ropa en el paseo, así
    como en las butacas instaladas en el mismo.
III Colocar coches de niños y toda clase de vehículos y objetos.
IV Instalar sillas del servicio de la playa, las cuales deberán
    permanecer en su zona.
V   Colocar las butacas del paseo fuera del lugar destinado a
    las mismas, respetando la señalización marcada al efecto.

Un aviso importante para los bañistas. Hay guardias que vigilan la playa y el paseo cubierto.

En la playa

MARTIN	¡Qué día más estupendo!
JULIÁN	Perfecto para bañarse.
MARTIN	¡Mira qué concurrida está la playa! Apenas hay sitio para andar con todos esos toldos y sillas playeras.
MILA	Eso no impide que nademos, ¿eh? Vamos a las casetas.
MARTIN	¿Dónde están?
MILA	Ahí abajo, por esos arcos debajo de la explanada. Pues, Vds. los señores por ahí, y yo por aquí. Hasta ahora.
MARTIN	¿Qué haremos con la ropa?
JULIÁN	Se la entregaremos a esa señora. Te cobrará unas pesetas por el servicio.
MARTIN	¿No viene Mila?
JULIÁN	Todavía no. Ya sabes lo que son las chicas. Siempre tienen que arreglarse como si fuesen estrellas de cine.
MARTIN	Tienes razón. Esas banderas en la playa son bonitas.
JULIÁN	Sí, y pueden ser útiles también. En la playa de Zaráuz, por ejemplo, hay banderas rojas en algunas partes y está terminantemente prohibido bañarse por allí. Hay mucho peligro.
MARTIN	Ya entiendo. Sólo se baña uno donde hay banderas verdes.
JULIÁN	Sí. Mira aquel hombre con el pito. Es el guardián playero. Da pitidos para advertir a los bañistas que corren peligro.
MILA	Hola, chicos. ¿Qué os parezco?
MARTIN	Guapísima, como siempre.
MILA	No seas guasón. Hablo de mi nuevo traje de baño.
JULIÁN	Te va muy bien. ¿Lo vas a estrenar en la playa o en el agua?
MILA	¿Qué dices?
JULIÁN	¿Si vas a tostarte o nadar?
MILA	Las dos cosas. Primero, nadar.
MARTIN	Vamos, pues. A ver quién llega primero a la balsa.
JULIÁN	¿Habrá premio?
MARTIN	Sí. Al que gane, una botella de Coca-Cola.

3

Subimos a la cumbre en el funicular. Mejor que subir a pie porque tiene una altura de unos trescientos metros.

IDA

FUNICULAR
DEL
MONTE IGUELDO
—
PTAS. 8,00
—

VUELTA

Nº 269027

Hacía un tiempo espléndido y desde el mirador se veía toda la bahía extendida como una alfombra azul y dorada. ¡Vaya poeta! Mira lo pequeños que son los bañistas debajo de sus toldos.

En el centro de la entrada de la bahía se encuentra la isla de Santa Clara. Al otro lado se alza el Monte Urgull coronado del Castillo de la Mota. Encima de la capilla hay una enorme estatua de Cristo.

El parque de atracciones

JULIÁN	Aquí estamos en lo alto del monte.
MILA	Es muy bonito, Martin. Hay monos en jaulas, borricos en que montan los chiquitos, y una cabrita que tira de un pequeño carro en que se pasean los nenes.
MARTIN	¿No hay puestos donde se puede probar suerte?
JULIÁN	Sí, pero vamos primero al mirador. Quiero sacar una foto y desde allí hay una vista magnífica.
MILA	¡Oye, Julián! No te asomes tanto. Te vas a caer.
JULIÁN	No digas tonterías. No tengo ganas de suicidarme.
MARTIN	Sacaré yo una foto también. Verdad que es preciosa.
MILA	¡Cuidado!
MARTIN	No te preocupes por mí. Ahí va. Otra para mi colección.
JULIÁN	Ahora vamos a probar suerte, ¿eh?
MUJER	A ver señorita, señores. Tres tiros por dos pesetas.
MARTIN	Bueno, a que corto más cintas que vosotros.
MILA	Puede ser. No tiro muy bien.
JULIÁN	Ni yo tampoco.
MARTIN	Dos duros de balines, por favor. Toma, Mila—tu rifle.
JULIÁN	Venga, Mila. Apunta bien. ¡Fuego!
MILA	Nada. Ni he rozado una cinta.
JULIÁN	Yo tampoco.
MILA	¡Olé, Martin! Has cortado dos cintas.
MARTIN	Ahí va otra . . . y otra. ¡Vaya! Se me han acabado los balines.
JULIÁN	Cómprate más. Eso es. ¡Buen tiro!
MILA	¡Magnífico! ¡El premio gordo!
MUJER	Tome Vd., señor. Una botella de champán para el campeón del tiro.

4

4 de agosto

El ciego a quien Julián compró su cupón. Su mujer le lleva todos los días hasta esta esquina donde vende sus cupones. Los fondos que provienen de los sorteos se dedican a sostener asilos y hospitales además de costear los estudios de otros ciegos y pagar el sueldo de los vendedores.

SORTEO EXTRAORDINARIO DE PREMIOS 1.000.000 DE PESETAS

1 premio de	100.000 ptas.	100.000 ptas.
2 "	50.000 "	100.000 "
4 "	25.000 "	100.000 "
20 "	10.000 "	200.000 "
100 "	5.000 "	500.000
	total . . .	1.000.000 ptas.

CUPON PRO-CIEGOS Nº 997 PREMIADO AYER

El cupón de Julián era el número 044. Como se ve arriba, no le tocó el gordo.

El tío de Julián me envió este billete como recuerdo - por desgracia no salió premiado. Estos billetes se venden en los estancos y las oficinas de Administración de la Lotería Nacional. Hay frecuentes sorteos, algunos con premios enormes.

54615 CINCO CUATRO SEIS UNO CINCO
LOTERÍA NACIONAL
Décima parte del billete para el sorteo del día
16 de agosto de 1967
EL JEFE DEL SERVICIO.
TERCERA 54615
BUSTO ROMANO, ANTEQUERA
23/67 3.ª PRECIO 50 PESETAS 6.ª SERIE

La lotería

CIEGO	El cupón para hoy . . . Me queda serie completa para hoy.
MARTIN	¿Qué vende aquel hombre de las gafas negras?
JULIÁN	Es ciego y se gana la vida vendiendo billetes de lotería. Pertenece a la ONCE.
MARTIN	¿La qué?
JULIÁN	La Organización Nacional de Ciegos Españoles. Se dedica a cuidar de los que no ven porque sería difícil, si no imposible, trabajar en otro empleo. Cada día se verifica un sorteo en el que hay varios premios.
MARTIN	¿Cuánto vale el primer premio?
JULIÁN	Quieres decir el 'gordo'. Unas mil pesetas solamente porque la mayor parte del dinero es para ayudar a los que no ven.
MARTIN	Pero he oído hablar de premios fantásticos, de millones de pesetas.
JULIÁN	Ah, éstos serán de la Lotería Nacional que no tiene nada que ver con los ciegos. En los sorteos de la Nacional, sí que hay premios de mucho valor.
MARTIN	Seguro que no te habrán tocado a ti.
JULIÁN	¡Bromista! Hace dos años mi papá compró un décimo que casi casi salió premiado.
MARTIN	¿Casi?
JULIÁN	Sólo le faltó la última cifra.
MARTIN	¡Qué pena!
JULIÁN	Eso lo dijo mamá también. Bueno, tengo dos duritos sueltos y voy a probar suerte. De todos modos beneficia a algún pobre ciego.
MARTIN	Es verdad. A ver si te toca el gordo.
JULIÁN	¡Ojalá! Oiga Vd. Deme cinco tiras, por favor.
CIEGO	Escoja Vd. el número que más le guste, señor.
JULIÁN	Me quedo con éste. Tome Vd.
CIEGO	Muchas gracias . . . A ver quién me toca la suerte de hoy . . . El cupón para hoy . . .

4 de agosto

La subida fue agotadora - ¡no soy alpinista! Las cuestas son muy hermosas, están cubiertas de árboles. De noche se ilumina el monte y el castillo con grandes focos - una vista preciosa. Durante La Semana Grande hay bellos espectáculos pirotécnicos en los que lanzan cohetes por encima de la bahía. El museo militar es muy interesante, sobre todo la sala de espadas. Allí hay un gran aviso - NO TOQUEN LAS ARMAS - y un guardian vigila a los visitantes.

MUSEO HISTORICO MILITAR (Monte Urgull)
SAN SEBASTIAN

ENTRADA

Nº 048044   Ptas. 5,—

Calamares

Merluza

Anchoas

Se asan las sardinas en fuegos de brasa. El olor aguza el apetito. Son muy sabrosas - ¡comí seis! ¡Qué goloso!

El castillo de Santa Cruz de la Mota

MARTIN	¿No vienes con nosotros, Mila? Vamos a subir al castillo.
MILA	Yo no. Me voy ahora a la peluquería. Tengo hora para las diez y media. Hasta luego.
JULIÁN	Hasta luego. Ahora, Martin, ¿por dónde empezaremos?
MARTIN	Me parece que hay varios caminos.
JULIÁN	Seguiremos el más antiguo que parte de la iglesia de Santa María.
MARTIN	. . . No sé si es el más antiguo, ¡pero sí es el más empinado!
JULIÁN	¡Ánimo, hombre! Los antiguos caballeros tuvieron que trepar por un sendero como éste llevando no sé cuánta armadura.
MARTIN	Pues debieron ser más fuertes que yo.
JULIÁN	El último zig-zag y hemos llegado.
MARTIN	Voy a descansar un ratito y admirar la vista.
JULIÁN	Es preciosa, ¿verdad? Allá abajo tienes el puerto pesquero, luego Santa Clara y al otro lado de la bahía, el Monte Igueldo. ¿Te has recuperado?
MARTIN	Creo que sí. Vamos al museo. Me entusiasman las armas viejas.
JULIÁN	Pues aquí hay una buena colección, pero no tan grande como la de la Armería Real de Madrid.
MARTIN	Mira esa espada a mano doble. No comprendo cómo la levantaban ni aun menos manejarla. ¡Vaya espada!
JULIÁN	Ven. Hay otras salas que ver . . .
MARTIN	Creo que lo hemos visto todo. ¿Bajamos?
JULIÁN	Sí. Pasaremos por el Cementerio de los Ingleses que cayeron durante la Guerra de la Independencia y las dos Guerras Carlistas.
MARTIN	Un poco de alpinismo aguza el apetito, ¿no?
JULIÁN	Sí, hombre. Cuando lleguemos al puerto te invitaré a tomar un refresco—un par de sardinas asadas quizás—¿qué te parece?
MARTIN	Estupendo, hombre. Adelante.

5 de agosto

El juego de pelota es muy popular entre los hombres. Aquí cuatro chicos de unos catorce años se disputan el campeonato juvenil en el frontón municipal. Traté de jugar con Julián y casi me rompí los dedos. ¡La pelota es muy dura! Aun me duele la mano cuando pienso en aquel partido desastroso. Sin embargo, me compré una pelota para entrenarme un poco. Los encuentros importantes entre los pelotaris profesionales se celebran en los frontones cubiertos tal como el Urumea. Así es que la lluvia inesperada no puede estropear el partido. Los aficionados apuestan mucho dinero en el resultado de un partido.

El pelotari viste camisa, pantalón y alpargatas blancas con una faja de color azul o rojo según el color que corresponde a su equipo.

ORIABE, S. A. TOLOSA

FRONTON URUMEA. - San Sebastian

PALCO NUM. 18

Fila 1   Núm. 5

CONSERVESE ESTE BILLETE HASTA EL FINAL DEL PARTIDO

La pelota

SR. PÁEZ	Martin, no puedes salir del País Vasco sin asistir a un partido de nuestro juego nacional—la pelota vasca.
MARTIN	Me gustaría mucho. Hasta ahora no he visto más que algunos chicos que jugaban en el frontón municipal. Se juega a mano, ¿no?
SR. PÁEZ	Sí, pero también a cesta y a pala.
MARTIN	Eso me parece mejor. Con una pelota muy dura se hace uno daño en las manos.
JULIÁN	Es cuestión de acostumbrarse.
SR. PÁEZ	Bueno, chicos, si queréis acompañarme hay un partido esta tarde en el frontón Urumea.
JULIÁN	Pero, tío, ¿no se habrán agotado las entradas? Es un partido importante.
SR. PÁEZ	Ya las tengo. Las saqué el día en que llegasteis.
MARTIN	¡Qué bien! Me alegraría mucho de ir.
JULIÁN	Tío, ¿no viene papá?
SR. PÁEZ	Seguro que sí. Un aficionado como él nunca faltaría a un partido. Ha salido a comprar gasolina y nos estará esperando abajo. ¿Vamos?
JULIÁN	Sí. Va a ser un partido estupendo según los carteles. Tres partidos a remonte que es la cesta larga.
MARTIN	Me dicen que es un juego emocionante.
JULIÁN	¡Ya lo creo!

5 de agosto

El frontón tiene una longitud de unos sesenta metros y una anchura de unos diez metros. Hay una red delante de los asientos para impedir que la pelota pegue a los espectadores. Podría ocasionar una herida de gravedad porque vuela a más de 150 kilómetros por hora.

Se juega a cesta...   y a pala también.

Al frontón

ACOMODADOR	Entradas, por favor. Sus entradas, señores.
SR. PÁEZ	Tenga.
ACOMODADOR	Palcos, primera fila . . . Por la escalera, ahí.
SR. OÑATE	Aquí están. Pasad y sentaos.
JULIÁN	¡Qué buenos sitios! Desde aquí lo veremos todo.
MARTIN	Hay tres paredes en este frontón. Creía que sólo había dos.
JULIÁN	La tercera, a nuestra izquierda, es el 'rebote'. A veces el pelotari lanza la pelota tan fuerte que da en esta pared sin tocar la cancha. Como ya sabes, la pared larga es la 'izquierda' y la otra es el 'frontis'.
MARTIN	¿Para qué sirven las rayas blancas pintadas en la pared izquierda?
JULIÁN	Son para fijar la falta y la pasa. Después del saque, la pelota tiene que botar entre el cuatro y el siete. Si no alcanza el cuatro es falta y el que saque pierde el tanto y el saque. Si pasa el siete, hace nuevo saque. También fijan la distancia de los saques. Mira el programa—ambos equipos sacan del doce.
MARTIN	Ahí salen los jugadores. ¿Qué pareja es la nuestra?
JULIÁN	Los que llevan faja azul.
SR. PÁEZ	Que van a empezar. Ya han elegido la pelota. ¡Buen saque! ¡Hala!
MARTIN	¿Cuántos tantos tenemos que ganar?
JULIÁN	Mira el contador allí arriba. Treinta y cinco.
SR. OÑATE	¡Fuera! Dos a cero.
MARTIN	¡Anda! ¡Pégala más fuerte!

6 de agosto

La verbena se celebra en honor del santo patrón del barrio. Hay desfiles o "pasacalles" en los que toman parte los vecinos que lucen el traje nacional. Los músicos de esta banda son "Txistularis" y tocan dos instrumentos a la vez, el "txistu", especie de flauta con tres agujeros y el tamboril con el que dan el compás del baile.

Estos chicos y chicas visten traje nacional del País Vasco. Están bailando una jota en medio de la plaza. Me hubiera gustado comprarme uno de estos trajes pero no tenía dinero. Sin embargo, Julián me regaló una boina.

Los vascos hablan vascuence, idioma que no se parece a ningún otro del mundo. Su apodo por San Sebastián es el "Txoko" que quiere decir el "hogar". Mira el nombre de esta calle.

Jota vasca

MARTIN	Mira ese letrero. ¿Qué dice? No lo puedo leer.
JULIÁN	No es de extrañar, está escrito en vasco. Anuncia una fiesta que se celebrará en Cestona el 27 de agosto.
MARTIN	¡Qué lástima! Me hubiera gustado ir a verla. Bueno . . . ¿Qué te parece si diéramos una vueltecita por la Parte Vieja antes de volver a casa?
JULIÁN	Lo que tú quieras . . .
MARTIN	¡Escucha un momentito! ¿Qué es esa música?
JULIÁN	Es el chistu, la flauta vasca.
MARTIN	Viene de por ahí. Vamos a ver lo que pasa.
JULIÁN	Será una verbena popular. Mira en esa plaza. Hay algunas parejas que llevan traje nacional.
MARTIN	Vamos a verles más de cerca.
MILA	Hola, chicos. ¿Vosotros por aquí? Venid a bailar.
MARTIN	Pero si no sé cómo . . .
MILA	¡Vaya! Es muy fácil. Van a tocar una jota. Ven, te enseñaré yo.
JULIÁN	Anda, Martin. ¡Que te diviertas!
MILA	Tú no vas a escapar. ¡Purita! Ven aquí. Tienes pareja.
MARTIN	Anda, Julián. ¡A ver si sabes bailar tú!
MILA	Estás muy bien, Martin. Un poco de entrenamiento y te harás un verdadero bailador.

8

8 de agosto

Pasé la tarde de ayer despidiéndome de la ciudad. Fui con Julián y Mila a la Isla de Santa
Clara. Al volver, nos paseamos por el puerto
pesquero y allí comí las últimas sardinas
asadas rociadas con un chato de tinto. Saludé
a los muchos amigos que hice aquí en este
pueblo tan simpático y les prometí volver
cuanto antes. Julián, Mila y sus padres me
llevaron en su coche a la estación de Irún,
lugar de mi primera vista de España. Hoy es el
día de despedidas. Adiós a todos, adiós.

Despedidas

JULIÁN	Hola, Martin. ¿Dónde has estado?
MARTIN	Fui de compras.
JULIÁN	¿Por qué no me llevaste a mí?
MARTIN	Lo sabrás dentro de poco.
SRA. DE OÑATE	Buenas tardes, Martin. ¿Conseguiste los recuerdos?
MARTIN	Sí, gracias . . . Tengo algo aquí para Vd. Ha sido tan amable conmigo . . .
SRA. DE OÑATE	Mira, Emiliano. Martin acaba de regalarme esta bufanda. ¡Qué preciosa! Muchas gracias.
MARTIN	Y para Vd., señor Oñate, esto . . .
SR. OÑATE	No debías, hijo . . . ¿Cómo sabías que me hacía falta una pitillera? Será Julián quien te lo dijo.
MARTIN	Julián, para ti esta cartera para guardar todo el dinero que vas a ganar en la lotería.
JULIÁN	Martin . . . No sé cómo agradecerte . . .
MARTIN	No hay de qué . . . Entre amigos, sabes.
MILA	¿Qué es esto, el día de Reyes?
MARTIN	No, pero llegas a tiempo para el reparto de regalos. Toma.
MILA	¡Ay, qué bonita. Mira mamá. Muchísimas gracias.
SRA. DE PÁEZ	¡Qué pulsera más bonita! Pero ¿qué es este paquete en la mesa?
MARTIN	Es para Vd. y el señor Páez.
SR. PÁEZ	Ábrelo, Pilar.
SRA. DE PÁEZ	¡Un florero! ¡Qué buen chico eres, Martin! ¿Me permites que te dé un besito?
SR. OÑATE	El pobrecito se pone colorado. No sabe qué decir.
JULIÁN	No te pongas triste, Martin. No te vas para siempre, hombre.
MILA	Seguro que volverás a vernos otro año.
SR. OÑATE	¡Venga el champán! Vamos a brindar por Martin.
TODOS	¡Martin! ¡Salud! Y que vuelvas pronto.

Cuestionario

El viaje   (páginas 6–9)

1. ¿Dónde pasó Martin por la aduana?
2. ¿Por qué no bebió Martin lo que le ofreció el hombre?
3. ¿Quiénes le esperaban a Martin en Madrid?
4. ¿Por qué salía tanta gente de la capital?
5. ¿Cómo volvieron los tres a casa?

Projects
1. Draw a map of western Europe and on it mark the main air, sea and rail routes to Spain.
2. Find out all you can about RENFE, the Spanish railway system.

La capital   (páginas 10–19)

1. ¿Qué error cometió Martin al subir al autobús?
2. ¿Qué ofrece un viaje más cómodo, el autobús o el microbús?
3. ¿Por dónde se pasearon los dos amigos?
4. ¿Qué fiesta se celebra en la Puerta del Sol?
5. ¿Por qué se comen uvas durante esta fiesta?

Projects
1. Imagine you are acting as a guide to some friends. Use the map to plan a tour of Madrid for them.
2. Try to collect pictures or photographs of the different police forces in Spain and write a short account of their duties.

El Palacio Real   (páginas 20–25)

1. ¿Cuándo se construyó el Palacio?
2. ¿Te parece arduo el oficio de guía? ¿Por qué?
3. ¿Cuántas habitaciones contiene el Palacio?
4. ¿Por qué se quejó Martin?
5. ¿Dónde vive hoy en día el Jefe de Estado?

Projects
1. Madrid was not always the capital of Spain. What are the advantages and disadvantages of its geographical position?
2. Spain is still technically a monarchy but has no king at present. What is its system of government? When was it established and by whom?

Dinero y compras (páginas 26–29)

1. ¿Dónde se cambian los cheques de viajeros?
2. ¿Qué preferirías, un billete de banco azul o uno verde?
3. ¿Qué cosas se venden en un estanco?
4. ¿Cuánto pagó Martin por las postales y los sellos?
5. ¿Qué es un tebeo?

Projects

1. Find out the postal rates to and from Spain. Make a small representative collection of Spanish stamps and arrange them for display.
2. Write a letter in Spanish to a Spanish friend inviting him to stay with you. Plan what you would do during his stay.

Los toros (páginas 30–35)

1. ¿Cuándo se celebran las corridas?
2. ¿Por qué cuestan más las localidades de sombra?
3. ¿Para qué sirve una almohadilla?
4. ¿Qué le gustó más a Martin durante la corrida?
5. ¿Te gustaría o no ver una corrida? ¿Por qué?

Projects

1. The Spaniard considers fox and stag hunting far more cruel than bull fighting. How would you justify his point of view?
2. Two other very popular sports in Spain are cycling and football. Find out all you can about them (name of main events, teams, stars, etc.).

Parque y pinturas (páginas 36–39)

1. ¿Para qué sirve una manga de riego?
2. ¿Cómo se divierte uno en el Estanque?
3. ¿Por qué no compró Martin una guía?
4. ¿Quiénes formaron la colección de pinturas?
5. ¿Qué miraba la gente en la galería de Velázquez?

Projects

1. Write a short account of the life of either Velasquez, Goya, Murillo or El Greco. Try to obtain postcards of some of their works.
2. Go to your local art gallery and write notes about any Spanish paintings there.

El País Vasco (páginas 50–63)

1. ¿Cuál es el nombre vasco de San Sebastián?
2. ¿En qué época fue destruída la ciudad por un incendio?
3. ¿Qué defendía la ciudad en tiempos antiguos?
4. ¿Qué es una 'banderilla'?
5. ¿Dónde ganó Martin la botella de champán?

1. Draw a map of Spain marking on it the main tourist areas. Write a short account of one advertising its main attractions.

2. Follow on the map Martin's route from Madrid to San Sebastián. Write a paragraph on the important towns through which he went.

Pelota (páginas 64–65)

1. ¿Dónde se juega a la pelota?
2. ¿Por qué se quejó Martin de su partido con Julián?
3. ¿Qué ropa viste un pelotari?
4. ¿Cuántas paredes hay en el frontón Urumea y cómo se llaman?
5. ¿Para qué sirven las rayas pintadas en la pared?

Projects 1. Write a newspaper report of a game of pelota.
2. Explain in Spanish how to play football.

Baile (páginas 68–69)

1. ¿Qué pasaba en la plaza cuando llegaron los dos amigos?
2. ¿Qué hace un chistulari?
3. ¿Qué recibió Martin como recuerdo del País Vasco?
4. ¿Qué quiso Mila que hiciese Martin?
5. ¿Te gusta a ti bailar?

Projects 1. Each region of Spain has its own typical dances, the music for which is often played on instruments peculiar to the area. Find out about five Spanish dances.
2. Using a record player or a tape recorder, choose extracts of some Spanish dances and with yourself as compère (in Spanish of course!) prepare a programme to entertain the class.

Vocabulario

Unless otherwise stated, nouns ending in -o are masculine and those ending in -a and -ción are feminine. All common words have been omitted as have words whose meaning can readily be guessed from their spelling or context.

A

abonado subscriber
abrigo overcoat
abrir to open
aburrido boring
acabar to end; **- de . . .** to have just . . .
actuar to perform
acudir to come, arrive
acuerdo agreement
además besides
aduana customs
aficionado fan, supporter
afueras f pl suburbs
agarrar to grasp
agobiarse to become exhausted
agotar to exhaust, run out
aguacero downpour
agujero hole
aguzar to sharpen, whet
ahogarse to choke
alcanzar to reach
alcázar m fortress
alegrarse to be glad
alfombra carpet
almeja small scallop
almohadilla cushion
alpargata rope sandal
alquilar to hire
alzarse to rise
ambiente m atmosphere
anchura width
¡anda! go on!
ánimo courage
anticipación; con - in advance
antiguamente formerly
apagar to put out
apenas scarcely, hardly
apetecer to appeal
apiñar to crowd together
aplastar to flatten
apodo nickname
apostar to bet
apresurarse to hurry

apretar to press
aprovechar to take advantage of
apuesto bet
apuntar to aim
armadura armour
arrancar to set off (cars)
arreglar to fix; **- se** to tidy oneself up
arriba upwards; **de -** upper
arrojar to throw
arroyo stream
asar to roast
ascensor m lift
asegurar to assure
asomarse to lean out
atestado crowded
atraer to attract
atravesar to cross
avería breakdown
aviso notice

B

bailar to dance
bajar to go down, get down
balines m pl pellets
balsa raft
bandeja tray
bandera flag
barato cheap
barrio district
¡basta! enough, stop!
bastante enough
bastón m walking stick
baúl m boot (car)
besar to kiss
besito kiss
bienvenido welcome
bocadillo sandwich
boceto sketch
boina beret
borde m edge
borrico donkey
bosquecillo wood
bostezar to yawn

botar to bounce
brindar to drink the health
bufanda scarf
bullicio bustle
buscar to look for
butaca stall (cinema)

C

caballero knight
caber to fit
cabrita goat
cada each
caer to fall
caja box, cashier's desk
cajero cashier
cajón drawer
calamares m pl squid
calambres m pl cramp
calzada roadway
cambiar to change
campanada chime
campeón m champion
cansar to tire
capilla chapel
¡caray! gosh!
carga burden, load
caro dear
carro cart
cartel m poster
cartera wallet
cascar una multa to fine
casco helmet
caseta changing room
caza hunt
cazador m hunter
cenar to have supper
centellear to glitter
cepillo brush
cera wax
cerdito pork
cesta basket
ciego blind
ciervo stag
cifra number

cigala large prawn
cinta ribbon
cisco charcoal
clarín *m* trumpet
clavar to stick in
clavel *m* carnation
cobrador conductor
cobrar to charge
cochinillo roast pork
coger to catch
cohete *m* rocket
cola tail, queue
colgar to hang
colorado pink, red
comercio shop
cómodo comfortable
compás *m* beat, time
concurrido crowded
concha shell
conducir to drive
conforme as
conocido well-known
conseguir to get, manage
convidar to invite
corcel *m* steed
corte *f* court
costear to pay for, finance
crecer to grow
cruz *f* cross
cuadrilla assistants
cualquiera any
cubierto covered
cuerno horn
cuero leather
cuesta slope
cuidado care; ¡—! look out!
cuidarse to look after oneself
cumbre *f* summit

CH
charla chat
churros *m pl* fritters

D
daño damage
dardo dart
debajo under, below
dejo trace
delantero front, forward
demás rest, others
demora delay
deporte *m* sport
depósito petrol tank
descansar to rest

descanso interval
desfile *m* procession
desgracia misfortune
despedirse to say goodbye
despierto awake
destacarse to stand out
detractor *m* opponent
diosa goddess
dirigirse to go to
divertirse to have a good time
doler to hurt
dorado golden
dormitar to doze
dudar to doubt
durar to last
duro hard

E
echar to throw, pour; **- la siesta** to have a nap; **- de menos** to miss
edad *f* age
embargo, sin - however
embiste *m* charge
emborracharse to get drunk
emocionante exciting
empapar to soak
empinado steep
empujar to push
encantar to delight
encargado in charge
encerrar to shut in
enrollar to roll up
ensanchar to expand
enterado well up in
entregar to give
entusiasmar to thrill
equipo team
equivocarse to be mistaken
escaparate *m* shop window
escoger to choose
espada sword; *m* bullfighter
espejo mirror
esperar to wait, hope
esquina corner
estanco tobacconist's
estanque *m* lake
estirar to stretch
estraperlo black market
estrella star
estropear to spoil
etiqueta label
evitar to avoid
extranjero foreign

extraviarse to get lost

F
fachada front
faena display
faja sash, belt
faltar to lack, need
fiera wild beast
firmar to sign
fisgar to root around
foco floodlight
freno brake
fuera outside
fuerte strong, loud
fuerzas *f pl* strength
función performance
funda cover, sleeve
fusilar to shoot

G
gafas *f pl* glasses
galón *m* braid
gambas al ajillo prawns in garlic
ganas *f pl* desire; **tener -** to want
gaseosa pop, lemonade
goloso greedy
gordo fat, big; *m* first prize
grato pleasant
guapo handsome, pretty
guardar to keep
guasón funny
guerra war
gusto taste

H
hábil clever
hace *(+ time)* ago
¡hala! go on!
helado ice cream
herido injured
hielo ice
hierba grass
hogar *m* home
huésped *m* guest
huevo egg
humilde humble

I
impedir to prevent
imponente imposing
importar to matter
importe *m* fare
incendio fire

inesperado unexpected
intentar to try

J
jabón m soap
jamón m ham
jaula cage
juego game
juerga celebration
jugador player
junto a next to

K
kokotxas f pl (Basque) small
    pouches found on sides of a
    codfish jaw

L
lanzar to launch, set off
lástima pity
lata tin; **qué -** what a nuisance
libre free
librería bookshop
lidia fight
lidiar to fight
limpio clean
listo clever, ready
lucha fight, struggle
luego then; **desde -** of course
lugar m place
lujo luxury
luz f light

LL
llave f key
llegar to arrive
lleno full
llevar to carry, wear; **- a cabo**
    to finish
llover to rain
lluvia rain

M
madera wood
madrugar to rise early
manejar to handle
manga de riego hosepipe
mantequilla butter
mantón m shawl
marca make
marcar to dial
marco frame
marea tide
mariscos m pl shellfish

mármol m marble
marrón brown
matar to kill
mayor older, adult
menor less, younger
merendar to picnic
merienda picnic, snack
miedo fear
mientras while
mirador m vantage point
mochila rucksack
mojar to wet
moneda coin
mono monkey
morir to die
mostrador m counter
mozo porter
muralla wall

N
nadar to swim
naranjada orangeade
navaja knife
nene m young child
ni pensarlo not on your life
novio boy friend

O
ocuparse de to look after
oír to hear, listen
ojalá if only
oler to smell
olor m smell
olvidar to forget
oro gold

P
país m country
paisaje m countryside
palco box (bullring)
palillo toothpick
palo stick
parabrisas m windscreen
parada bus stop
parar to stop
parecido similar
pareja couple, partner
partidario supporter
partido match
partir to set off
pasado mañana day after
    tomorrow
paseo walk, trip
pedir to ask for

pegar to hit; **-se las sábanas**
    to want to sleep in
peine m comb
peluquería hairdresser's
pena difficulty, trouble; **¡qué - !**
    what a shame!
peor worse, worst
perderse to get lost
perezoso lazy
permanecer to stay, remain
persiana blind
pertenecer to belong
pesar to weigh
pesquero fishing
picar to burn (sun)
pirotécnico firework
piso floor, flat
pitillera cigarette case
pitillo "fag"
pito whistle
playa beach
poder to be able, can; **no - menos**
    de not to be able to help
postre m dessert
precio price
precipitado hasty
premiar to reward
premio prize
preocuparse to worry
prisa hurry
probar to taste, try
propina tip
provenir to come from
provisto que provided that
púa barb
puesto stall
puesto que since
pulsera bracelet

Q
quedarse to stay, remain
quejarse to complain
querer to want; **- decir** to mean
quitar to take away; **-se** to take
    off
quizás perhaps

R
ranura slot
rato while
rascacielos m skyscraper
raya stripe
rebote m rebound
recetar to prescribe

reclamar to claim
recorrer to tour, go round
recorrido tour
recuerdo souvenir
red *f* network
regalo gift
regar to water
regresar to return
relucir to shine
remar to row
remo oar
rendido tired out
reparto distribution
resguardo chit, token
reunión *f* party
revisor *m* ticket collector
revista magazine
ribera bank (river)
riesgo risk
risa laughter
rincón *m* corner
rociar to wash down
rodar to travel along
rodeado surrounded
romper to break
roncar to snore
ronco hoarse
roto broken
rozar to graze
rubio blonde
ruedo bullring

S
saber to know; **- a** to taste of
sabor *m* flavour
sabroso tasty
sacar to get out, buy
salchicha sausage
salvo safe
sangre *f* blood
sano safe, sound
saque *m* service (pelota)
seco dry
seda silk
según according to
seguro safe, sure
sellar to stamp
sello stamp
sencillo simple, single

sendero path
sentir to regret
señal *f* sign, signal
sequía drought
sidra cider
siglo century
silla playera deckchair
sino but, except
sitio spot
soleado sunny
soler to be accustomed to
sólo only
sombra shade
sonar to sound, ring
soportales *m pl* arcade
sorteo lottery, draw
sostener to support
subida ascent
sublevación revolt
sucio dirty
sueldo wages
suelto loose
sueño; tener - to be sleepy
suerte *f* luck
suponer to suppose
supuesto; por- of course
surtidor *m* jet

T
tal such
tampoco neither
tanto point (pelota)
tapas *f pl* titbits
taquilla booking office
tardar to delay
tebeo comic
temprano early
tendido block of seats
terminantemente strictly
terrón lump
tierra earth
timbre *m* electric bell
tira strip
tirar to shoot
tiro shot, shooting gallery
tocadiscos *m* record player
tocar to touch, play
todavía yet still
toldo awning
tonterías *f pl* nonsense

topes; hasta los - crowded, packed
torero bullfighter
toril *m* bullpen
torre *f* tower
tortilla omelette
tostarse to sunbathe
traer to bring
tragar to swallow
traje *m* suit; **-de baño** bathing suit
trasero rear, bottom
traspasado pierced
trepar to climb
tropel *m* crowd, mob
trozo piece
turismo car

U
único only, sole
útil useful
uva grape

V
valer to be worth; **-la pena** to be worth while
¡vaya! well!
vecino neighbour
vendado blindfolded
¡venga! come on!
veranear to holiday (summer)
veras; de - really
verbena local celebration
verdadero true, real
verdor *m* greenness
verificarse to take place
vestir to wear
vista view
vistoso flashy
volar to fly
volver to return
vuelta return, change

Y
ya que since

Z
zapato shoe
zorro fox